程琳 ◎ 著
布谷童书 ◎ 绘

博物馆里的中国

四川的博物馆

◎ 三星堆博物馆
◎ 金沙遗址博物馆
◎ 四川博物院

山西出版传媒集团　三晋出版社

蜀地风华 02	**古蜀"大人物"** 商青铜立人像 04	**蜀人的"登天梦"** 商青铜神树 08	**穿越的"方向盘"** 商青铜太阳形器 12
"千里眼"与"顺风耳" 商青铜兽面具 16	**古蜀牌"黄金面膜"** 商戴金面罩青铜人头像 20	**3000年前的金光** 商周大金面具 24	**掌心的金太阳** 商周太阳神鸟金饰 28
玉器也"移民" 新石器时代良渚文化十节青玉琮 32	**战国生活"纪录片"** 水陆攻战纹铜壶 36	**去汉代搬"砖"** 东汉制盐画像砖 40	**古琴余音** "石涧敲冰"七弦琴 44
石头"课本" 五代后蜀残"诗经·周颂鲁颂"石经 48	**吴门山水间** 《虚阁晚凉图》 52	**《世界雄狮大王》唐卡** 清格萨尔唐卡（六） 56	**"大千"世界** 《仕女拥衾图》 60

参观须知

三星堆博物馆

关于开放时间

三星堆博物馆每年除夕闭馆一天，其余时间原则上不闭馆（临时公告闭馆除外），黄金周、小长假和寒暑假（1、2、7、8月）实行延时服务，开放时间为08:30至20:00。

关于预约参观

本馆实行实名预约，可通过三星堆博物馆官方网站、微信公众号、官方抖音号预约参观门票。

成都金沙遗址博物馆

关于开放时间

开放时间为9:00至18:00，17:00停止入馆，每周一闭馆（法定节假日和1、2、7、8月除外）。惠民文化活动期间，开放时间可能会有变动，具体以博物馆官方实时公示信息为准。

关于预约参观

可在金沙遗址博物馆官方网站、官方微信公众号、金沙遗址电子票小程序进行预约。

四川博物院

关于开放时间

每周一例行闭馆，如遇国家法定节假日正常开放。开放时间为9:00至17:00，16:00停止入馆。

关于预约参观

可提前于"四川博物院"微信公众号进行线上预约，并须携带有效证件（身份证、护照等）以备核验。

三星堆博物馆、成都金沙遗址博物馆、四川博物院
蜀地风华

博物馆奇妙之旅小分队(3)

- 我还没有看够南京博物院里面的文物呢。
- 你这么一说,我也好舍不得啊!
- 不要紧,咱们这一站的旅途内容可丰富了,要一口气游遍四川的三座博物馆哦!
- 哇,这也太棒了,快出发吧!
- 四川我来啦!

博物馆档案

第一站——探秘"三星堆"

馆　　名：三星堆博物馆

地　　点：四川省广汉市三星堆遗址东北角

馆藏精品：青铜立人、青铜面具、青铜神树等

荣誉榜：西南地区最大的遗址类博物馆单体建筑、国家4A级旅游景区、第一批全国中小学生研学实践教育基地、全国绿化模范单位

简　　介：三星堆博物馆,位于全国重点文物保护单位三星堆遗址东北角,地处三星堆镇鸭子河畔,是一座现代化的专题性遗址博物馆,也是离古蜀人最近的一片土地。每一件珍贵的馆藏文物,都在邀请参观者前往那神秘而浪漫的三星堆一探究竟。

第二站——追寻"金沙文化"

馆　　名：成都金沙遗址博物馆

地　　点：四川省成都市青羊区金沙遗址路2号

馆藏精品：商周太阳神鸟金饰、良渚文化十节青玉琮等

荣誉榜：国家一级博物馆、国家4A级旅游景区、全国中小学生研学实践教育基地、巴蜀文化旅游走廊新地标

简　　介：成都金沙遗址博物馆，是一座为保护、研究、展示金沙文化和古蜀文明而兴建的考古类博物馆。有遗迹馆和陈列馆两大主体建筑，一方一圆，是成都市重要的地标性建筑。集博物馆、植物园、动物园于一体，风景优美。拥有金器、铜器、玉器、石器、漆木器、陶器、象牙等两千多件（套）馆藏文物，种类丰富，体系完整。

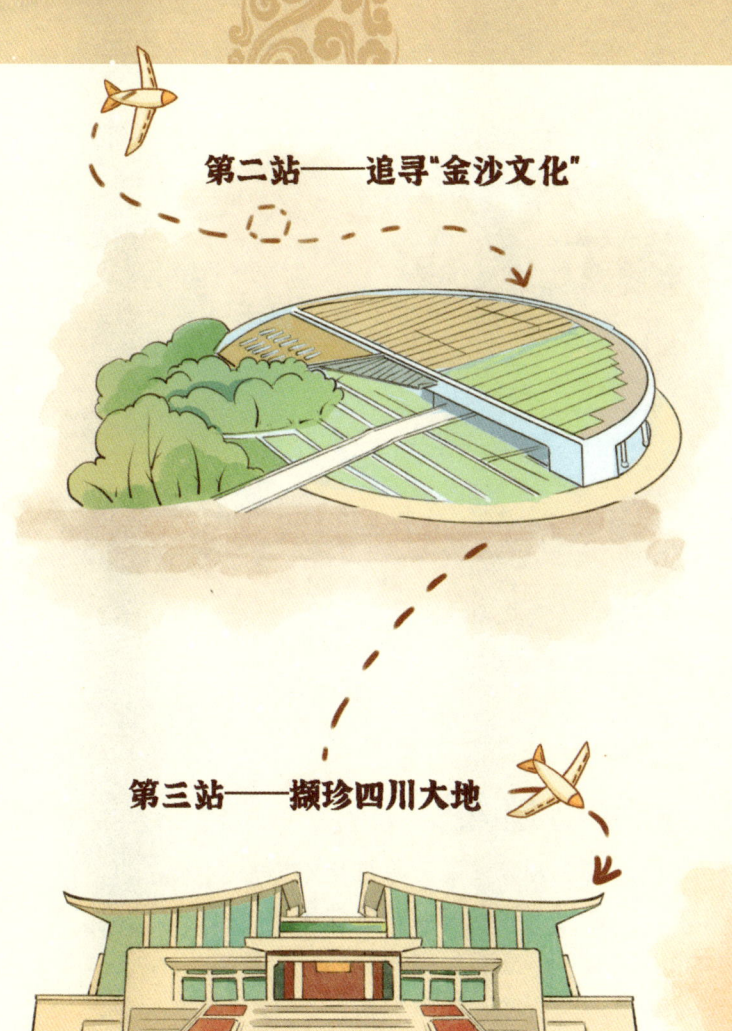

第三站——撷珍四川大地

馆　　名：四川博物院

地　　点：四川省成都市青羊区浣花南路251号

馆藏精品：水陆攻战纹铜壶、张大千仕女拥衾图轴等

荣誉榜：国家一级博物馆、西南地区最大的综合性博物馆、全国热搜博物馆百强榜

简　　介：四川博物院始建于1941年，2009年正式更为现名，至今已有80余年历史。现有院藏文物35万余件，其中珍贵文物7万余件，设有远古四川馆、四川民族文物馆、工艺美术馆等展厅，是一座极具巴蜀文化魅力的博物馆。

古蜀 "大人物"
商青铜立人像

国宝档案

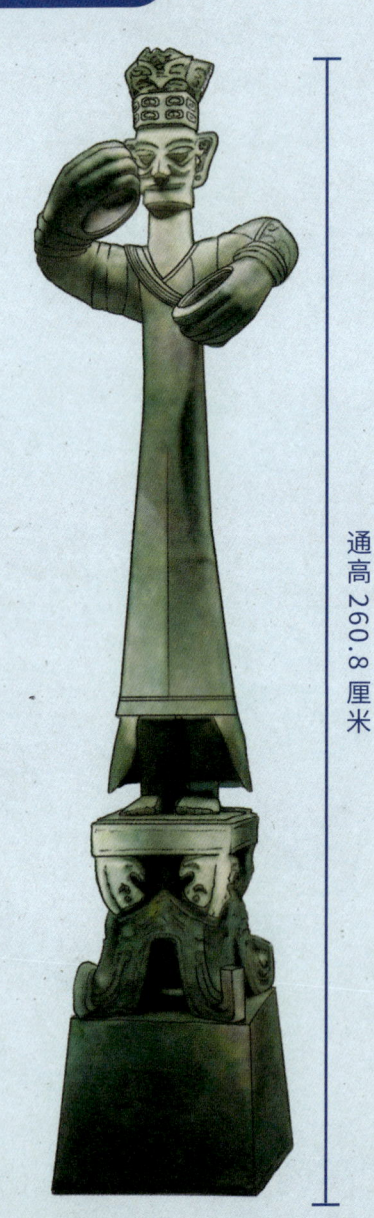

商青铜立人像

分类：青铜器
所属年代：商代
现藏于：三星堆博物馆
出土地：三星堆遗址二号祭祀坑

通高 260.8 厘米

国宝小档案

这座巨大的青铜立人像，是三星堆博物馆的"镇馆之宝"之一。除去底座，这位来自古蜀国的"大人物"，身高足有一米八，拥有一双人人艳羡的大长腿，姿态挺拔，不仅在三星堆一众青铜雕像中脱颖而出，也是世界上现存最高、最完整的青铜立人像，被誉为"世界铜像之王"。

小贴士

这座青铜立人像非常高大，重约 180 千克。和从殷墟出土的那些玉石人、铜人像比起来，堪称"巨人"，是不可多得的青铜重器。其以分段浇铸法嵌铸而成，身体中空，可见聪明的古蜀先民们已经掌握了极其高超的青铜铸造技艺呢！

王者风采

华丽的衣裳

别看这位"大人物"的衣裳码数大,制作却一点儿不含糊。

你瞧,这一身的衣裳遍布繁复的纹饰,以龙纹为主,鸟纹、虫纹等为辅,每一种纹饰都清晰可见,十分精致华丽。

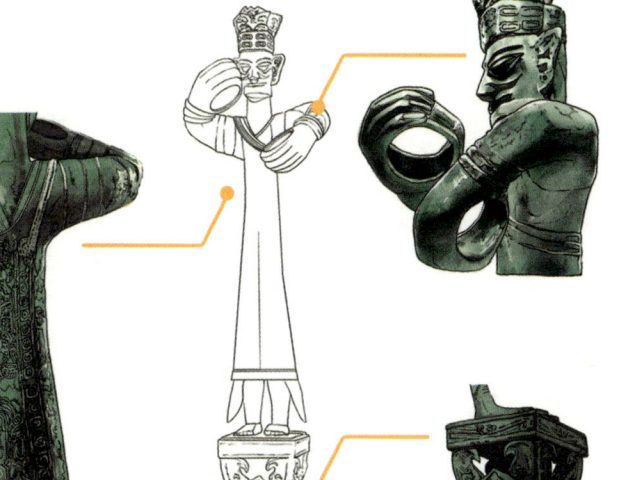

神秘的姿势

你发现了吗?这尊人像的双手大得出奇,姿势也十分古怪,分明双手空空,却好像是正把什么东西握举于身前。

"他"握的究竟是什么呢?有人认为,应该是象牙、玉琮之类的祭祀用品。也有专家表示,"他"可能就是单纯在摆姿势,模仿腾空而起、飞向高空的姿态。

神圣的神坛

若是将视线下移,你还会发现这座青铜人像赤脚所站的小平台也不一般。

平台由龙形兽首顶起,其上所刻的云气纹、连珠纹、太阳纹,展现出了光芒万丈的日升之景,应是作法用的神坛或神山。

祭祀的各种姿势

古蜀先民们对神灵非常崇拜,于是号称能够沟通天人的巫师就成了十分重要的角色。

三星堆出土的青铜人像中,除了立人像这样的主祭者,还有不少小一号的从祭巫师。虽都不如"铜像之王"那么高大,却也姿态生动,惟妙惟肖。

此尊商青铜喇叭座顶尊跪坐人像,这位巫师跪坐在象征着神山的祭台之上,正十分虔诚地将铜尊高举于头顶。

这件商青铜兽首冠人像,也和立人像一样呈双手环握姿势。但最吸睛的,还是他头顶上那顶造型奇特的兽首冠,冠两侧像兽耳,中间像象鼻,十分生动。

这件商青铜持璋小人像,大概是"最小"的巫师了,整体只有四五厘米那么高。"他"的头部残缺,但双手握举在胸前的玉璋却很完整。

二号祭祀坑还出土了一件十分珍贵的玉璋。玉璋两面都刻有祭祀图案,由山与正在进行祭祀的古蜀先民组成,反映了"山陵之祭"的隆重场面。

沉睡数千年，一醒惊天下

三星堆遗址档案

地理位置：四川省广汉市西北的鸭子河南岸
所处时代：新石器时代晚期—商末周初
遗址面积：12平方千米
遗址地位：迄今西南地区发现的范围最大、延续时间最长、文化内涵最丰富的古城、古国、古蜀文化遗址。
荣誉称号：20世纪人类最伟大的考古发现之一

三星堆遗址的发现

你知道吗？三星堆遗址，居然是挖水沟给挖出来的！

1929年时，农民燕道诚在自家挖水沟，挖着挖着，却意外挖出了一坑的玉器。玉器流入市场后，"广汉玉器"的名头迅速被打响，消息传到了考古专家们的耳朵里，立刻就引起了专家们的重视，先后有几批专家来到当地进行调查发掘。

三星堆的考古序幕就此拉开。直到1986年，两大祭祀坑的发现，令三星堆"一战成名"，沉睡数千年的三星堆文明"一醒惊天下"。

> 不过这个遗址为什么要叫"三星堆"呢？

> 因为考古专家闻讯前往发掘时，在当地发现了三座小土堆，像是一条线上的三颗星星，就起名"三星堆"了。

> 这是挖到宝了！

灿烂的青铜文明

虽然，三星堆遗址的发现始于玉器，之后也还出土了不少陶器、石器、金器与象牙、海贝等文物，但三星堆留给世人印象最深的，还是充满了创造力与奇幻色彩的青铜器。

无论是青铜立人、青铜面具还是青铜神树等，都是三星堆文化最独特也最灿烂的一部分。

其实，刚刚铸造完成的铜器是金色的，这才会在古代被称为"金"或"吉金"。而我们现在看见的青铜器之所以呈青绿色，是漫长岁月中器物遭到氧化、锈蚀的结果。

> 我们已经欣赏过了那么多青铜器，你们知道它原本是什么颜色的吗？

> 咦，不是青绿色吗？

三星堆古城

三星堆遗址的核心区域，是一座规模庞大的古城。

这座古城面积约 3.6 平方千米，不仅环城三面都建有高大厚实的城墙，城内还有功能分区，是四川盆地目前发现的夏商时期规模最大、等级最高的都邑性遗址。

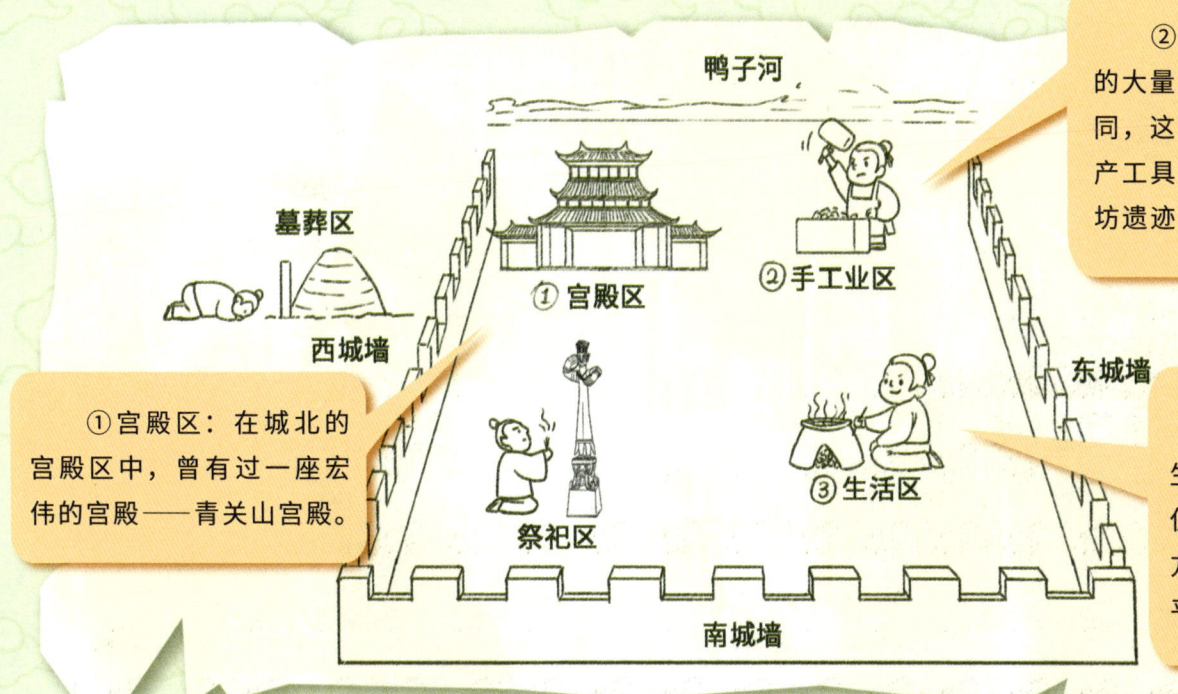

② 手工业区：与生活区出土的大量陶质酒器、食器和玩物不同，这一区域的发掘成果，以生产工具、成品、半成品和手工作坊遗迹为主，功能一目了然。

① 宫殿区：在城北的宫殿区中，曾有过一座宏伟的宫殿——青关山宫殿。

③ 生活区：再来看看生活区中的建筑遗迹。不仅有权贵们居住的几百平方米"大别墅"，也有十平方米左右的平民"蜗居"。

鸭子河
墓葬区
西城墙
① 宫殿区
② 手工业区
东城墙
祭祀区
③ 生活区
南城墙

蜀人的"登天梦"
商青铜神树

国宝档案

高 396 厘米

商青铜神树
分类：青铜器
所属年代：商代
现藏于：三星堆博物馆
出土地：四川省广汉市三星堆遗址二号祭祀坑

国宝小档案

"神山"般的底座，栖息着九只神鸟的大树，再加上一条盘绕树侧的龙，这三者共同组成了四川三星堆博物馆的镇馆之宝——一株高近四米的大型青铜神树。该文物采用分段铸造法铸造，树身分三层，每层有三枝，共九枝，枝上结果，果上立着的飞鸟姿态神气，绕树的铜龙神秘莫测。

它是哪棵树

在中国古代的神话传说中，有许多神奇的树木。三星堆的这株青铜树，和它们多少是"沾亲带故"的。

有人认为，这株神树实际上是《山海经》和《淮南子》中都提到过的"建木"。

据说，"建木"异常高大，可以通天，相当于一架"天梯"，帝王能凭着它来往于天地之间，沟通神人。更有趣的是，当太阳照着它时，居然是没有影子的。

也有人持另一种意见，他们觉得这株青铜树和《山海经》中的扶桑树更像。

因为扶桑树上也有鸟，相传正是由于十只金乌神鸟每天轮流驮着十个太阳，在树上飞起又落下，这才有了人间的白天与黑夜。

还有更多的人认为，这株青铜树并非某一种神树，而是扶桑、建木等神树的"组合体"，只要是能"通天"的，都可以算作三星堆青铜树的"亲戚"。

古蜀人把青铜神树当作沟通人神、上下天地的天梯，既体现了他们的宇宙观，也寄托着浪漫的"登天梦"。

与鸟有关的蜀王

在古蜀人的眼中，鸟是十分神圣而神秘的存在。

它既是太阳的代表，又有沟通神灵的能力。

古蜀君王的名字也和鸟有关。有位叫作杜宇的君王，有一首关于他的诗，你一定听过——

锦瑟无端五十弦，

一弦一柱思华年。

庄生晓梦迷蝴蝶，

望帝春心托杜鹃。

李商隐《锦瑟》中写到的"望帝"，便是这位君王，最后一句诗也正藏着杜宇化鹃的传说。

相传，杜宇是位能干的明君，不仅大力开展农事，还不断开疆拓土，使蜀国日益强盛。然而，好景不长，蜀地突发洪水，大水冲毁了庄稼，民不聊生。

就在这时，一个叫鳖灵的人出现了。

鳖灵治水特别有一套，杜宇重用他为蜀相。鳖灵也果然没有辜负杜宇的期望，带领大家凿山泄洪，平息了水患。

鳖灵立下大功，才能又这么出众。杜宇自愧不如，就将王位禅让给了他。

退位的杜宇去世后，依旧心怀蜀地的百姓，就化为了杜鹃鸟。每年春天，杜鹃鸟都会"布谷布谷"地啼鸣着，催促百姓及时耕种。

这杜鹃鸟的嘴巴啼得流出了血，鲜血滴在山野间，开出了血红色的花，人们为了纪念杜宇，就将它命名为"杜鹃花"。

三星堆的鸟儿飞

在三星堆的出土文物中，飞鸟元素的"出镜率"非比寻常。金器、玉器、陶器、青铜器，似乎就没有鸟儿"飞"不到的地方——

金中有鸟

这件三星堆祭祀坑出土的金杖，是已出土的中国同期金器中体量最大的。

> 这金杖怎么看起来好像被压扁了？

> 因为我们现在看到的，是包卷在木杖外的那一层用金条捶打出来的金皮，里面的木材已经炭化分解了。

在金杖一端，装饰有一段图案，由人、鱼、鸟三种元素组成。其中飞鸟和鱼一样，都呈两背相对的对称状，鸟颈和鱼头仿佛被一支箭射中穿过了一样。

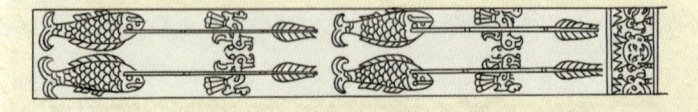

同样是金器，有如金杖这样饰以鸟纹的，也有如这件黄金鸟形饰这样，整器仿照飞鸟而制的——那鸟儿展翅、尾羽飘飘的翱翔之姿，跃然眼前。

玉中有鸟

你找到这件戈形玉器里的鸟儿了吗？瞧它凹入的前锋，那儿有块缺口，飞鸟就藏在里面呢！

这种玉戈很有可能并非实用器物，而是用来沟通神人的祭祀用品。将飞鸟形象融入其中，足见古蜀人对鸟的崇拜了。

要说三星堆最具特色的陶器，还得是鸟头勺把——这些勺子的把手被做成了各式各样的鸟头形状。

> 哇，古蜀居然还有这么可爱的勺把！

陶中有鸟

青铜有鸟

三星堆文化中最重要的青铜器上也少不了飞鸟的身影。

在诸多出土的鸟形青铜器之中,有的造型非常夸张,让你猜不出它的"真面目";有的却与现实中的鸟儿相似度达到了99%!

不信你看——

这只青铜鸟和鸬鹚(lú cí)是不是连神态与姿势都很像呢?

鸬鹚是一种捕鱼的水鸟。每年冬天,在三星堆古城北面的鸭子河河心的沙洲上,总会聚集成群的鸬鹚。古蜀人就地取材,以它们为原型制造青铜鸟,再合理不过了。

还有这只青铜鸟,头顶的羽冠已经把它的原型"出卖"了,这不就是戴胜鸟吗?

在中国传统文化中,戴胜鸟象征着祥和、美满、快乐,常作为吉祥纹饰出现在各类器物上。

这是一对金戴胜。

这是元代大画家赵孟頫画的《幽篁戴胜图》。

图中的戴胜鸟立在竹枝上回望,它头顶那漂亮的羽冠,就如同古代女子戴在头上的饰品"华胜"。这或许就是戴胜鸟名字的由来吧!

小贴士

说出来你可能不信,这么美丽的戴胜也会臭烘烘的——戴胜鸟在孵化鸟宝宝的时候,会分泌出一种带恶臭的液体,臭得敌人根本无法靠近巢穴,更别说伤害幼鸟啦!

穿越的"方向盘"
商青铜太阳形器

国宝档案

直径 85 厘米

商青铜太阳形器

分类：青铜器
所属年代：商代
现藏于：三星堆博物馆
出土地：四川省广汉市三星堆遗址二号祭祀坑

国宝小档案

三星堆文物中惊现"穿越者"？你瞧，这件直径 85 厘米的青铜器，造型十分特殊——中部是个半球状的凸起，周围 5 根放射状的青铜柱连接着外部的圆圈，还真像是从现代的大卡车上拆下来的方向盘呢！

"方向盘"大猜想

哇，青铜做的"方向盘"真酷！

商代肯定没有卡车，更不会有方向盘。既然叫它太阳形器，会不会和太阳有关呢？

小贴士

三星堆出土的"方向盘"不止一件，虽然都经历了砸毁与焚烧，但专家还是从残件中识别出 6 个"方向盘"，修复复原了其中的 2 件，其直径和构造都相同。

关于这件"方向盘"的身份之谜，学界有过五花八门的猜想。

有人觉得，它虽不是方向盘，但也与车有关，是个车轮子。

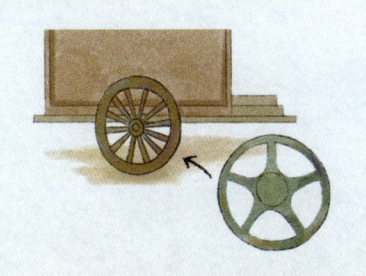

有人猜测，它可能是盾牌上的一种装饰。

还有人发现，古蜀先民居然做到了以5根青铜柱将圆等分，每两根青铜柱之间的夹角是72度，中间作个垂线，就是36度。而这个角度又恰好是冬至日时，三星堆所处地理位置的太阳的高度角。

因此，"方向盘"也说不定是个天文测量仪呢！

不过，大多数意见认为，它其实象征的是太阳，那5根青铜柱是在模仿太阳发出的光芒。古蜀人将他们崇拜的太阳，做成了用于祭祀仪式或供奉在神庙的神器，接受人们的膜拜。

太阳纹图鉴

古人崇拜太阳，因此设计了各种各样象征太阳的纹饰。

▶ 有圆圈系列的

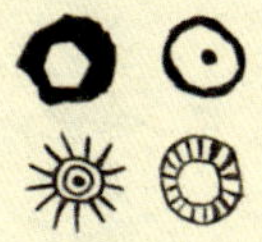

▶ 有八芒星系列的

▶ 有在与人的互动中出现的

▶ 有融入鸟元素的

"十二章纹"皇帝衮服（复原件）

"十二章纹"，即日、月、龙、星辰、山、华虫、火、宗彝（yí）、藻、粉米、黻（fú）、黼（fǔ）这十二种图案。

每种图案都内涵丰富，象征着帝王的德行。

比如，日、月、星三种图案，寓意皇恩浩荡，如同这日月星光一样普照四方。

"宗彝"则是古代祭祀的一种器物。通常成对，一画忠猛之虎，一画孝顺之猴，以此象征帝王忠孝的美德。

由一粒粒米组成的"粉米"图案，则代表了帝王重视农桑。

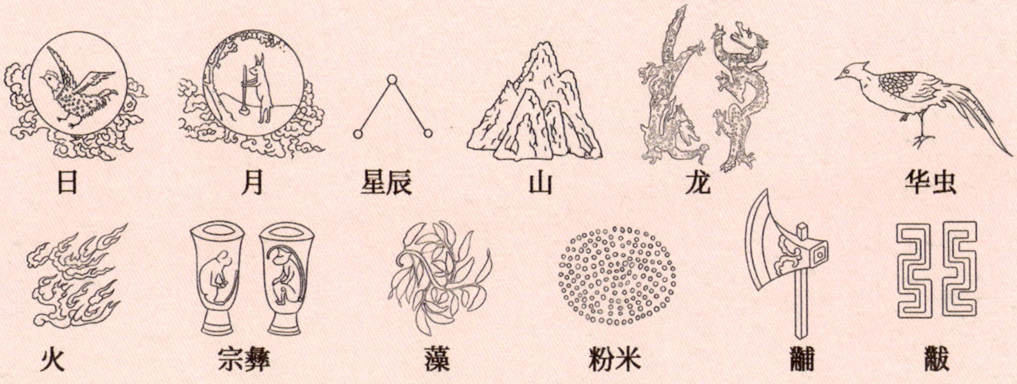

| 日 | 月 | 星辰 | 山 | 龙 | 华虫 |
| 火 | 宗彝 | 藻 | 粉米 | 黼 | 黻 |

13

文物"穿越记"

大千世界，无奇不有。在漫长的中国古代历史长河中，总有那么些『脑洞大开』的文物，和青铜太阳形器一样，仿佛是从现代穿越回古代的。

西周『路由器』

看看这件来自西周的青铜器，是不是有些似曾相识？

> 这长得和现代的路由器也太像了吧！

但西周那会儿可没有"Wi-Fi"用来联网，其用途至今也还成谜，没有定论。

也许是乐器，也许是插放祖先牌位的底座，也许是某种还没有被人猜测到的器物……

于是这件青铜器也只能根据外形特征来定名，被称为"云纹铜五柱器"。

战国『水晶杯』

这只杯子要是放在现代，就是再平常不过的日用杯具。

可一旦把它的"生产日期"提前到2000多年前，那就了不得了！

这只透着些微琥珀色的水晶杯，出土于杭州的一处战国墓。整体造型与现在的杯子几乎没有两样，表面不加纹饰，内外壁十分光滑，是用一整块水晶打磨而成的，品质极高，是件实实在在的简约风奢侈品。

> 这件文物要是混进了商场货架里，还挺难发现的。

> 哈哈，据说一开始考古人员也差点儿以为它是盗墓贼留下的水杯呢！

汉代『游标卡尺』

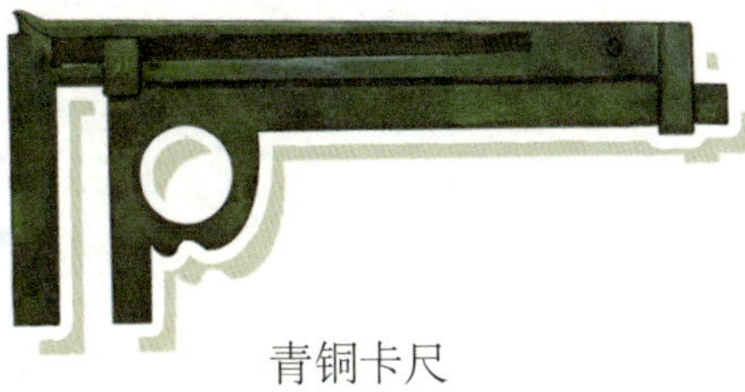

青铜卡尺

这把青铜卡尺，是西汉末年王莽统治时期的物件。它能够通过活动尺的左右移动，测量物体的直径、深度以及长、宽、厚，方便好用，被认为是现代游标卡尺的原型。

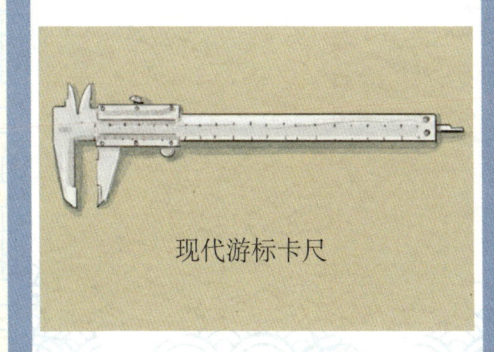

现代游标卡尺

唐代『无线鼠标』

兔子在中国传统文化中属于吉祥物，是太平盛世的好兆头，唐朝人就特别喜欢兔子。

瞧这只姿态可爱的滑石兔子，像不像现代的"无线鼠标"？那圆滚滚的屁股，可爱极了，让人忍不住想要伸手摸一摸。

不过在唐朝可没有电脑，滑石兔也不能用来控制光标，而是用来压席子用的席镇。

小贴士

滑石容易雕琢，虽然不是玉，却有着玉的质感。用它制作出的器物，常在古代墓葬中被当作昂贵玉器的替代品来使用。

明朝『啤酒盖』

看到这件文物，恐怕你会忍不住发出质疑：这要不是啤酒盖，还能是什么呢？

其实，它出自明朝的一座夫妻合葬墓，真名叫做"银香盒"。上边还写有一个"香"字，大概率是古代妇女随身携带的装香料的小盒子。

至于和啤酒瓶盖"撞脸"这件事，只能说如有雷同，纯属巧合喽！

"千里眼"与"顺风耳"
商青铜兽面具

国宝档案

商青铜兽面具

分类：青铜器
所属年代：商代
现藏于：三星堆博物馆
出土地：四川广汉三星堆遗址二号祭祀坑

高 66 厘米
长 138 厘米

国宝小档案

该面具体积庞大，高 66 厘米，长 138 厘米，造型夸张。面具同时拥有"千里眼"与"顺风耳"——向外凸出约 16 厘米的双眼，如架上了一副望远镜似的，仿佛能看到千里之外的景象，而那对招风的大耳朵，往斜后方上扬，又似乎能听到来自极远之地的声音。

哇，好大的面具！

古蜀人为什么要盖这么大的面具呢？

青铜兽面具出土时，需要四五个人合力来抬，显然不是用来戴的，它的诞生，或许更多与古蜀人的崇拜信仰相关。

"他"是谁

那么，这个带着神秘微笑的庞然大物所代表的究竟是谁呢？目前还众说纷纭。

"他"是蚕丛

李白的《蜀道难》中有一句提到了古蜀国的两位君王——蚕丛和鱼凫。其中蚕丛的形象特征就是"目纵"，也就是眼睛直直地向外突出。

所以，有人认为这面具就是根据蚕丛的形象打造的。以此纪念开国之君，也体现了蜀人的祖先崇拜。

"他"是烛龙

单论眼睛的相似程度，蚕丛之外，还有一位神灵也拥有这样一双特别"突出"的双目，那就是被记载于《山海经》中的烛龙。

烛龙，也叫烛阴。相传它人面蛇身，身子赤红，有一千里那么长。更神奇的是，它那一双直长的眼睛居然能掌控世间的白天黑夜——它一睁眼就是白天，一闭眼便是黑夜。

青铜面具仿烛龙而制，是蜀人神灵崇拜的表现。

"纵目"或许是种病

三星堆内面具中的纵目形象并非个例。因此有一种说法认为，古蜀人其实都是"纵目"，是由于生活环境造成缺碘，从而导致的眼睛相对突出，经过艺术夸张的加工后，就变成这副外星人的模样啦。

> 蚕丛及鱼凫，开国何茫然。尔来四万八千岁，不与秦塞通人烟……

"他"是"古蜀制造"

也有学者把以上两种看法融合了一下，提出青铜面具模仿的，可能既不是某位蜀国先王，也不是哪个神灵。

古蜀先民是靠着自己的想象，创造出了一个人神合一的产物——"他"目视千里，耳听八方，神通广大，寄托了古蜀人对超自然力量的渴望。

不管怎样，我们都很难否认，在古蜀人众多的崇拜对象之中，眼睛也占有一席之地。纵目面具之外，三星堆还出土了大量的铜眼泡、菱形眼形器等与眼睛相关的文物。在甲骨文中，"蜀"字虽然有许多种写法，但每一种写法的上部都有一个大大的眼睛呢！

"奇怪"的青铜面具

三星堆出土的青铜面具，各有各的"奇奇怪怪"。

这件青铜大面具的五官全是"放大"过的一样，十分粗犷，夸张中又带着不可忽视的威严气质，仿佛神灵在静默地俯视众生。

这个面具长得就有些戳人笑点了，好像是一位戴着潜水镜和呼吸管的潜水员。

不过这"呼吸管"可不同寻常，"长"在了额头中间，高高竖起，带有刀状羽翅的装饰，还怪好看的呢！

还有这种更似兽面的面具。兽首上长着卷云形角，大嘴的嘴角下勾呈现薄片状，四边有小圆洞可以穿系，大小也正合适，倒真有可能是巫师在祭祀时戴在脸上用的。

《山海经》里的"神奇宝贝"

你也许已经发现了，许多文物中展现出的奇异形象，都能在《山海经》中找到参考。

作为一本上古时期的"奇幻世界大百科"，《山海经》中还收录有不少有趣的"神奇宝贝"，不知道你更喜欢它们中的哪一种呢？

既然夫诸能预告水灾，那会不会也有能预示旱灾的异兽啊？

还真有！

夫诸

夫诸的样子像白鹿，头顶长着四只角，虽外表温柔洁净，但古人却并不希望看见它，因为它每次出现的地方都会发大水，从而被视为水灾的兆星。

獙獙（bì bì）

旱灾的兆星有个可爱的名字，叫作獙獙。它长得像只狐狸，还多了一对灵动的小翅膀，叫声如同鸿雁一样动听。但人们也不喜欢听到它的声音。因为只要它一出现，天下便会大旱，到时候庄稼歉收，人人都得饿肚子。

朏朏（fěi fěi）

就算没遇上水旱这样的大灾，人也难免会碰到这样或那样的烦恼事。

不开心的时候，如果能养上一只朏朏就好了！

朏朏不仅模样可爱，像只长着白尾巴的狸猫，还"身怀绝技"，被称为"解忧兽"——饲养它就能解除烦恼哦！

狌狌

再来介绍一位叠字家族的成员，狌狌。

这种异兽的名字读作"xīng xīng"，长得也像猩猩。它长着一对白色的耳朵，既能趴着行动，也能像人一样站直了走路。谁要是吃了他的肉，分分钟就会化身"神行太保"，日行千里，不在话下。

耳鼠

假如你是个仓鼠爱好者，那么去《山海经》中的丹熏山"领养"一只耳鼠吧。

传说，它状若鼠，兔子脑袋，麋鹿身体，能靠着尾巴飞行，还是一只"飞天神鼠"呢！虽然人吃了它不能起飞，但却能从此百毒不侵。

鹿蜀

鹿蜀的样子像马，白脑袋红尾巴，身上有老虎一样的斑纹。它鸣叫的时候，就像有人在唱民谣，十分好听。更奇妙的是，谁要是佩戴它的皮毛，就能让子孙后代都沾上好运。

古蜀牌"黄金面膜"
商戴金面罩青铜人头像

国宝档案

高 42.5 厘米
宽 20.5 厘米

商戴金面罩青铜人头像

分类：青铜器
所属年代：商代
现藏于：三星堆博物馆
出土地：四川广汉三星堆二号祭祀坑

国宝小档案

这件近半米高的青铜人头像，理着小平头，脑后梳着小辫子，眼角高挑，眼球突出，大鼻头阔嘴巴，表情威严。戴着眉眼部镂空的精致金面罩，面罩之薄，好像只是敷了一片"黄金面膜"。其颈底部呈"V"字形状，有可能是用于插在土台、祭坛上，或是配合木制、泥塑身躯使用的。

尊贵的金面罩

猜猜看，古蜀人为什么要给头像戴上金面罩呢？

我是不是走错地方了？

从三星堆二号祭祀坑中出土的宝贝真不少。该坑的整个平面呈长方形，坑长 5 米多，宽 2 米有余。坑内上层覆盖象牙，象牙之下则是满坑大大小小的各类青铜器。许多青铜器上还留有火烧的痕迹。

考古学家们据此推测，古蜀人可能是使用了一种叫作"燎祭"的祭祀方式，即将祭品焚烧祭天。

他们可不是为了去参加咱们现代的假面舞会——在古蜀人的观念中，黄金尊贵，与宗教习俗息息相关。只有在祭祀活动中地位崇高、身份尊贵的人，才有资格佩戴金面罩。

也许，黄金在古蜀的祭祀文化中，就如同"Wi-Fi信号增强器"。有了它的加持，人神之间的沟通会变得更加顺畅，祭祀效果也会更加灵验吧！

古蜀国的巫师群像

你知道吗？从三星堆的一、二号祭祀坑中出土的青铜人头像足有50多件，它们都代表着古蜀王国巫师的形象。其中几件戴金面罩的人头像，更应是群巫之中的佼佼者，应该是著名的大巫师或领袖人物。

我们就是身份地位的象征。

如何往脸上"贴金"

那么古蜀人是如何往铸好的青铜人头像的脸上"贴金"的呢？

首先，匠人们需要把金块细细锤揲成薄薄的金箔。

金块 → 金箔

其次，要想把金箔贴到青铜人头像的脸上，还需要一款"胶水"。古蜀人使用的"胶水"，是由生漆与石灰两种材料调和而成的黏合剂。

生漆 ＋ 黏土 ＝ 胶水

有了"胶水"，匠人就可以根据青铜人头像的形状，把金箔从额头贴到下颌，两只耳朵也要罩住，再在耳垂处穿个孔，在眼眉处镂点儿空，就大功告成啦！

如今，几千年过去，这尊青铜人头像的金面罩还能牢牢贴在脸上。古蜀人的这项金铜复合技术，真是了不起啊！

三星堆发型大盘点

在出土的青铜人头像中，我们发现这些人物的发型还挺多样，发饰也不一而足。让我们一起去看看古蜀国的"托尼老师"们手艺如何吧！

看我盘个辫

瞧，这位青铜人头像面容朴实敦厚，做的发型也简洁明了，盘了一圈辫子头发顶，或是戴了辫绳状的帽箍，与现在四川一些地方的人们在头上缠绕头巾的形式很像，透出浓郁的地方土著风格。

头上有"犄角"

这尊青铜人头像，是三星堆中目前唯一一位戴着双角形头盔的主儿，它后脑勺上有孔，可插发饰。

哈哈，蝙蝠侠的造型和它有点儿像呀！

最具写实风

这尊青铜人头像的头顶，呈现子母口，原本应该是戴着冠或佩有顶饰的造型。人像的面部塑造也和发型一样，少夸张，多写实，表情温和恬静，一般倾向于其为古蜀国女巫的形象。

平头编辫子

这尊青铜人头像为平头造型。辫子整整齐齐地编在脑后，上端扎束，发辫上还涂有朱砂。

平头戴帽子

这尊青铜人头像表情肃然，气质威严。同样梳着平头，却多了一顶回字纹平顶冠，地位应该是高于无冠者的。

满满"少女心"

这尊人头像头顶圆圆的，脑后戴着蝴蝶形的发簪，中间还用宽带束起来，怎么看都像是扎了个充满"少女心"的蝴蝶结！

你发现了吗？三星堆的青铜人头像发型，其实总体可分为两大类——辫发、笄（jī）发。

梳着辫子的发型就是"辫发"，它们脑袋后的"麻花辫"还挺时髦的。将头发盘起来的，便称为"笄发"。

还记得青铜大立人吗？"他"后脑勺上的两个孔洞，很可能就是插发簪用的，也是"笄发"的一员。

原来古蜀人连发型都不简单呐！

一般认为，这两大发型象征着三星堆文明的两大族群。笄发的代表神权阶层，辫发的则代表世俗王权。

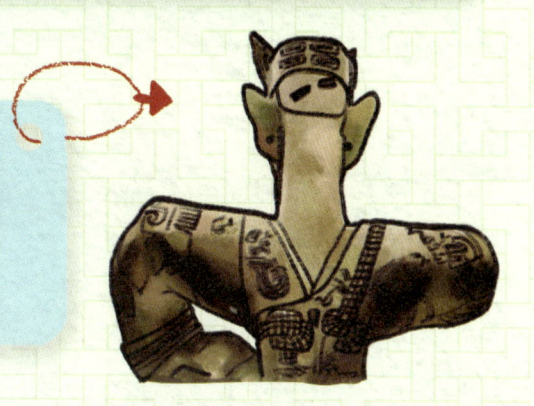

3000 年前的金光
商周大金面具

国宝档案

高 10.7 厘米
长 20.5 厘米

商周大金面具

分类：金器
所属年代：商周时期
现藏于：成都金沙遗址博物馆
出土地：成都金沙遗址

国宝小档案

这件略带笑意的金面具长 20.5 厘米，宽 10.4 厘米，高 10.7 厘米，是中国目前发现的商周时期保存最为完整、体量最大的一件金面具。它方脸大鼻，双眼镂空，双耳外展，耳垂上还打了时髦的"耳洞"。整个面具表面打磨光亮，脸部塑造丰满，颇具写实风格。

小贴士

你知道吗？这张大金面具刚出土时，是皱巴巴的一团。经过剥离泥土与专业的揉搓之后，才复原成了现在的样子。

有"大"就有"小"

金沙遗址不仅出土了大金面具，还有小金面具呢。

小金面具长 4.89 厘米，宽 0.03 厘米，高 3.6 厘米。脸比巴掌还小，小巧精致，一双新月眉，梭形眼，鼻梁高直，下巴收尖，笑意温和。和大金面具一样，都是研究商周时期成都地区金器加工工艺的重要实物资料。

商周小金面具

如何制作一张金面具

古蜀人是世界上最早开采、使用黄金的古老部族之一。

金沙先民们为了制作这样一张大金面具，需要沿河两岸淘取砂金。

之后，这些淘来的自然砂金，要经过集中加工处理，热锻、锤打成面具的形状，再采用镂空、雕刻等多种手法对面具进行修饰，最后将其表面进行抛光，这才能使金面具历经 3000 多年岁月，光泽依旧。

大家都爱金面具

阿伽门农面具　图坦卡蒙黄金面具

黄金光泽耀眼，又数量稀少，注定了它不凡的身价。

众多不同的部族与文明，都不约而同地以黄金来彰显崇高的地位与身份。

金面具不仅在中国古代被使用于祭祀和丧葬中，在古代地中海沿岸的文明中也是如此。

希腊阿伽门农黄金面具和古埃及法老图坦卡蒙黄金面具，其墓主身份都很尊贵。

复活失落历史，重燃古蜀之光

金沙遗址档案

地理位置：四川省成都市金沙村

所处时代：商代晚期至西周时期

遗址面积：5 平方千米

遗址地位：金沙遗址，是距今约 3000 年的古蜀国中心都邑，是当时成都平原政治、经济、文化的中心

荣誉称号：2001 年全国十大考古发现

金沙遗址的发现

金沙遗址的发现，也是一场意外。

谁能想到，2001 年，成都西北郊外的金沙村中，一次普通的建筑施工挖掘过程中，竟挖出了宝藏！

赶到现场的考古队员一看，见大量的象牙碎片、玉器与青铜器散落在泥土中，立即就意识到了这是一个可能重燃古蜀文明之光的重要发现。

这些器物和三星堆祭祀坑中出土过的文物高度重合，多有相似。两者之间必然有所联系。

金沙遗址有大金面具，三星堆也有。

金沙遗址象征着王权的金王冠带之上的纹饰，和三星堆金杖上的如出一辙。

金沙遗址的青铜立人像尺寸虽小，但也说明了其与三星堆拥有着共同的神权信仰。

不仅如此，金沙遗址和三星堆遗址的距离也不远，相距约40千米。

所以，金沙遗址一般被认为是三星堆文明的继承与延续。它对蜀文化起源、发展、衰亡的研究具有重大意义，"复活"了一段失落的古蜀国历史。

金沙遗址的功能区

金沙遗址内与三星堆一样，都有明显的功能分区，目前已发现的重要遗存主要有四类：
1. 大型建筑基址区
2. 大型祭祀活动区
3. 一般生活居住区
4. 墓地

其中，祭祀区的面积约15000平方米，是古蜀王国一处专用的滨河祭祀场所。祭祀区中出土了大量的金器、青铜器、玉器和象牙等祭祀器物。

祭祀区出土的象牙

而房屋遗址附近用于堆积生活废弃物的灰坑中，主要出土的是各类平民化的陶器，让后世得以窥见先民们淳朴生活的一隅。

从金沙遗址看祭祀方式

根据祭祀遗迹的情况，考古学家推测当时古蜀人主要使用以下这些方式来举行祭祀活动：
1. 燎祭：一种祭天的仪式，将祭品放在柴堆上焚烧。
2. 瘗（yì）埋：一种祭地的仪式，将祭品堆置，集中埋葬。
3. 浮沉：将祭品沉于湖沼或者低洼处。
4. 高台祭祀：搭建高高的祭台，在台上进行祭祀仪式。
5. 卜甲祭祀：古蜀人也和商人一样用火烧龟甲，卜问事情的吉凶。

毁器

不少器物在出土时都是破损变形的，令人十分惋惜。不过，这可不是后人考古时带来的"误伤"，而是古蜀人在祭祀前故意破坏掉了这些器物。这种祭祀习俗被叫作"毁器"。

掌心的金太阳
商周太阳神鸟金饰

国宝档案

直径 12.53 厘米

商周太阳神鸟金饰

分类：金器
所属年代：商周时期
现藏于：成都金沙遗址博物馆
出土地：成都金沙遗址

国宝小档案

这件只有 0.02 厘米厚的圆形金饰，不过巴掌大小，却凝结了锤揲、剪切、打磨等多种工艺手法。它分为内外两层，内层图案中心为一镂空的圆圈，仿佛旋转的火球，周围是十二道等距离分布的焰芒。外层图案则是四只首足相接的三趾鸟，飞行的方向与内层太阳芒纹旋转的方向正好相反。

小贴士

这片小金箔可不得了！它在 2005 年时，战胜了千余件参与竞争的候选图案，最终脱颖而出，被选为"中国文化遗产标志"，成为中国文化遗产的"代言人"。

太阳从哪儿来

太阳神鸟金饰，被寄予了古蜀人对太阳和太阳神的崇拜和讴歌。
金饰中心的火球代表太阳，外围的神鸟作为负日的金乌，承载着太阳在空中运行。

但你想过令人崇拜的太阳究竟是从哪儿来的吗?

在中国古代的神话传说中,有一位太阳女神叫作羲和。她是上古天帝——帝俊的妻子,一口气生下十个儿子,也就是十个太阳。

羲和每天都会准备漂亮的龙车,载上她的一个儿子,从清晨出发,驾着马车自东向西在天上游上一圈,到傍晚"下班"。十个儿子都这么轮流着,每日循环往复。

因此,羲和也被称为"日御"。

西方的太阳神们

崇拜太阳神的可远不止咱们的古蜀先民。

世界上许多早期文明的神话故事中,都有太阳神的身影。

不少人都以为古希腊的太阳神是阿波罗。其实不然,真正的初代太阳神另有其人,叫作赫利俄斯。

传说中,赫利俄斯为了给世间带来光与热,每天都会乘着四匹火马所拉的日辇,在天空中驰骋。清晨从东边现身出发,傍晚从西边隐没,结束一天的工作。

十二主神,指的是古希腊宗教中最受崇拜的十二位神,他们都住在奥林匹斯山上——

我知道,阿波罗应该是光明之神。

对,他还是十二主神之一!

赫尔墨斯　战神　阿波罗　农神　海神　宙斯　赫拉　灶神　狩猎女神　雅典娜　爱神　火神

对了,古埃及也有他们的主神。包括太阳神拉在内,一共九位,都在太阳神的崇拜中心"太阳城"中备受尊崇——

太阳神拉、风和空气之神舒、雨神泰芙努特、大地之神盖布、天空女神努特、冥王和农业之神奥西里斯、生命女神伊西斯、沙漠与风暴之神塞特、死者的守护神奈芙蒂斯。

金沙遗址的「金字招牌」

体量巨大、造型夸张、种类丰富的青铜器，让三星堆一炮而红。

而对金沙遗址来说，比起青铜，黄金制品才是它名副其实的"金字招牌"。

蛙形金箔

三角形的脑袋，尖桃形的嘴，尖状的短尾，再加上一对圆圆的眼睛，这是一只来自金沙遗址的抽象蛙。

它身作"亚"字形，四肢修长，前肢和后肢相对弯曲成了卷云的形状，自带对称美。

别看这件金箔的"长相"谈不上惊艳，却也结合了锤揲、切割、錾刻的加工技术。有专家认为，它塑造的并非青蛙，而是蟾蜍。其中很可能寄予了古蜀人对月亮的崇拜，和太阳神鸟是一对儿。

鱼形金箔

和三星堆一样，金沙遗址中的鱼元素也不少。

这两件鱼形金箔，一条"小鱼"又长又细，一条"小鱼"圆头圆脑。正面都錾刻有斜向线条，代表的应该是鱼刺。工艺上，二者也都是锤揲成形，再用切割技术修剪边缘，可能用作挂件。

除了将金箔锤揲成鱼形，金沙人还錾刻出了一种外形相当奇特的鱼纹。

这两条乌首鱼纹金带的表面，对称刻画着两条尾相对的鱼。它的嘴部有像鸟一样的长喙（huì），喙前端上翘略后勾，一双梭形眼更显出凶猛锐利的气势，形象前所未见。

嘴？这鱼纹长得有点儿像白鲟呀！它可是濒危的鱼类，咱们国家的一级重点保护动物。

蛇纹金箔

这片圆角梯形的金箔，应该也是某种装饰用品。其上錾刻的螺旋纹饰如同一条盘曲的长蛇，蛇头在中间，蛇尾在外边，故此得名。

卷云纹金喇叭形器

这件呈喇叭状的金器，也是金沙遗址博物馆中的一大名器。

它的造型奇特，中间凸起一座"小火山"，腹壁上还等距离镂空刻有三朵漂亮的卷云纹。做工精细，就是用途至今不得而知。

看到它，我居然想起了老北京的铜火锅……

你看，它们像不？

哈哈哈，你这个吃货！

各种几何形金器

菱形金箔　　三角形金器　　几字形金器　　圆形金箔

金沙遗址既有器型与纹饰都较为复杂的金器，也不乏走简约路线的几何形金器。

这些"金字招牌"中，既凝聚了古蜀匠人的高超技艺，又映射着古蜀人的精神世界。不仅是精美的艺术品，也是研究古蜀时期金器制作工艺和古蜀文明的重要实物。

玉器也"移民"
新石器时代良渚文化十节青玉琮

国宝档案

新石器时代良渚文化十节青玉琮

分类：玉器
所属年代：商周时期
现藏于：成都金沙遗址博物馆
出土地：成都金沙遗址

高 22.2 厘米

国宝小档案

这件玉琮呈翠绿色，玉质晶莹剔透，表面光洁温润。其整体为方柱体，共十节，有点儿像是咱们现代的笔筒，外方内圆，中间有个上下贯通的孔洞，分别蕴藏着"天圆地方"的宇宙观和"贯通天地"的深意。

细观玉琮

尽管因为长时间的掩埋，玉琮器表出现了白化、沁斑与铜锈，但其上雕刻工艺之精细，依旧令人叹为观止。

挥袖跳舞的小人

玉琮的上端，刻画着一个挥袖跳舞的小人。

只见"他"戴着长长的冠饰，双手平举，长袖挥舞间，袖上羽毛形的装饰翩然飘逸。"他"的身份可能是位巫师，正在祭祀现场跳着某种祈福驱邪的舞蹈。

暗中观察的面孔

再往下看，你会发现这十节玉琮之上，还刻有整整 40 张神秘的面孔。

这些面孔有鼻子有眼，眼睛圆溜溜的，好像正在暗中观察，沉默地凝视着人间数千年的岁月变迁。

这不是良渚文化里的神徽吗？

玉"琮"哪里来

在金沙遗址出土的 2000 多件玉器中，十节玉琮无疑是独特的存在。

它是来自良渚文化的"移民"，其上刻画的神秘面纹，正是良渚的标志性神徽——"神人兽面纹"的简化版，常见于良渚文化晚期的玉器之上。

那金沙人自己会制作玉琮吗？

当然会。

良渚文化在距今 5000 年左右的新石器时代，兴起于长江下游的太湖地区。而金沙文化则繁盛于 3000 年前，位于长江上游的成都平原。

隔着近 2000 千米的距离，金沙时期的古蜀先民是如何得到这件"古董"的呢？

有一种观点认为，可能是当时的良渚文化遭遇了重大变故或自然灾害，族群不得不四处寻找新的生存之地。其中一支就带着玉琮，迁徙来到了古蜀之地。

这件四节玉琮就是金沙本地的"土著"玉琮。

它重约 8 斤，金沙工匠在玉料中间钻出了直径 6.8 厘米的孔洞。

玉琮上的纹饰是九道平行的直线纹。虽然风格简朴，但从其规整流畅的线条中，也能看出金沙文化的玉器制作工艺不俗。

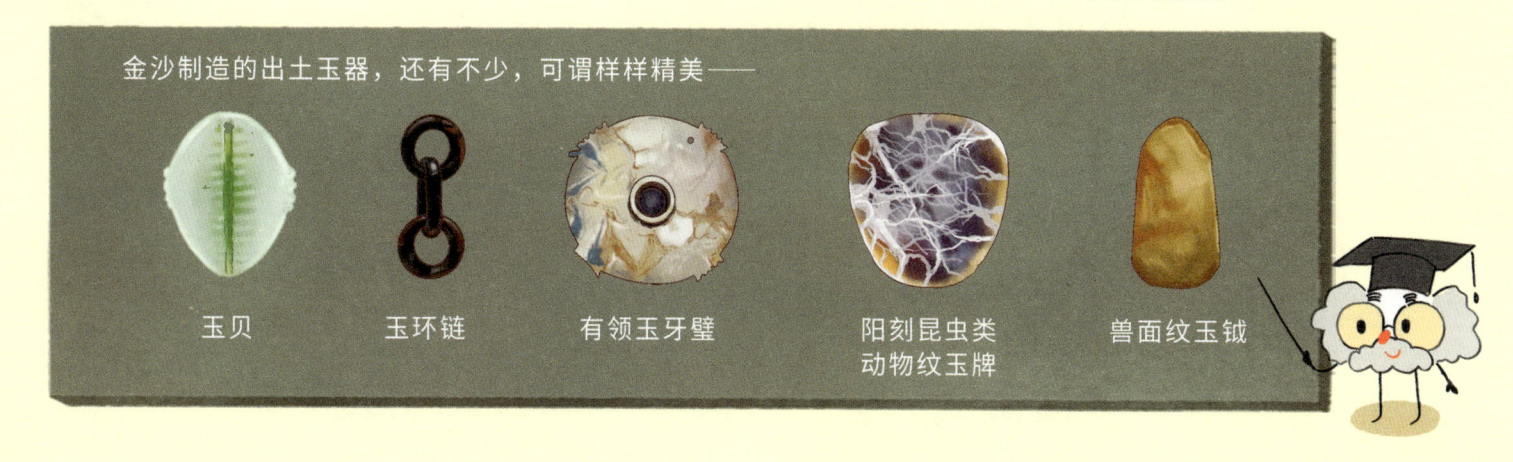

金沙制造的出土玉器，还有不少，可谓样样精美——

| 玉贝 | 玉环链 | 有领玉牙璧 | 阳刻昆虫类动物纹玉牌 | 兽面纹玉钺 |

玉『琮』何时变

琮，因良渚文化的巨大影响力而传播四方。从新石器时代伊始，延续到了明清。

不过，玉琮传承到商周时期，无论在形制上还是在纹饰上，都产生了大变化——良渚文化时期那种高长型的玉琮几乎不再出现，转而以体型较小、纹饰简练的单节琮为主。

商王武丁时期妇好墓出土的玉琮

周朝虢国墓地出土的玉琮

到了西汉，玉琮的礼器功用逐渐消减，开始转向日常陈设之用。

比如江苏省涟水县三里墩西汉墓出土的银鹰座带盖玉琮，玉琮内有烟熏残迹，应该是玉琮改制的香薰物件。

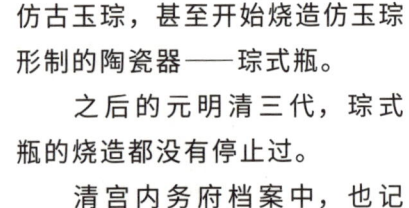

宋代流行仿古风，出现了仿古玉琮，甚至开始烧造仿玉琮形制的陶瓷器——琮式瓶。

之后的元明清三代，琮式瓶的烧造都没有停止过。

清宫内务府档案中，也记载有乾隆皇帝关于琮式瓶制作的指示。他把玉琮称为"辋（wǎng）头瓶"，并为其创作了近二十首御诗。

宋龙泉窑青釉琮式瓶

看来乾隆爷是真的喜欢琮式瓶。

集齐六器，祭天礼地

中国自古就有"以玉事神"的传统。包括玉琮在内，共有六种玉制的礼器，被称为"玉之六器"。集齐它们，就可以祭祀天地与四方神明了。

璧：中心孔径小于外廓边宽的片状圆形玉器。其上所刻纹饰随时代不同而变化。常见的有谷纹、蟠纹等，在祭祀中用以表示对上天的敬意。

琮：内圆外方筒型玉器。有单节或多节不同形式，有刻画纹饰的，也有素面的，用于表示对大地的敬意。

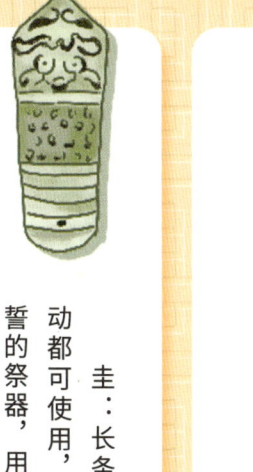

圭：长条形的片状玉器。朝觐、礼见等活动都可使用，是标明等级身份的瑞玉及祭祀盟誓的祭器，用于祭祀东方之神。

璋：外观很像戈形兵器，底平顶斜。古时用于祭祀南方之神，还是天子巡狩时的礼器。

琥：主要有虎纹玉器和虎形玉器两种形式，以白琥来祭祀西方之神。

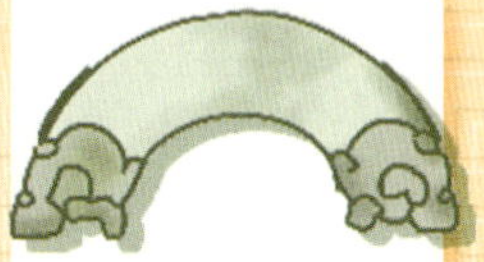

璜：弧形悬佩玉饰。有窄条形、半璧形、新月形等形状，常有纹饰，用来祭祀北方之神。

《周礼》中有一段记载，很好地总结了"玉之六器"的作用。

以玉作六器，以礼天地四方。以苍璧礼天，以黄琮礼地，以青圭礼东方，以赤璋礼南方，以白琥礼西方，以玄璜礼北方。

战国生活"纪录片"
水陆攻战纹铜壶

国宝档案

水陆攻战纹铜壶

分类：青铜器
所属年代：战国时期
现藏于：四川博物院
出土地：四川省成都市百花潭中学 10 号墓

高 40.3 厘米

国宝小档案

一只壶到底能"装"下多少纹饰？来自战国时期的这件铜壶让你大开眼界！采桑射猎、宴乐习射、水陆攻战……匠人以精妙的嵌错技艺，用三角云纹为界，在壶身上满满当当地嵌出了一支战国生活的"纪录片"。

一起来看"纪录片"

商周时期的神兽纹饰往往造型夸张，许多都是由人们想象出来的。

而战国时期的嵌错宴乐水陆攻战纹铜壶上的纹饰主打"纪实风"，刻画了 200 多个不同的人物形象。

这类纹饰被称为"人物画像纹"，是春秋以来中国青铜器纹饰突变的表现，也开启了中国画像石艺术的先声。

贵族生活"朋友圈"

有几处图案，很合适发在"朋友圈"里晒生活。

瞧，第一层的左侧，是战国贵族正在亭中练习射箭呢。系着飘带，被高高举起的长竿子是箭靶，还有人拿着短棍，负责替其报靶。

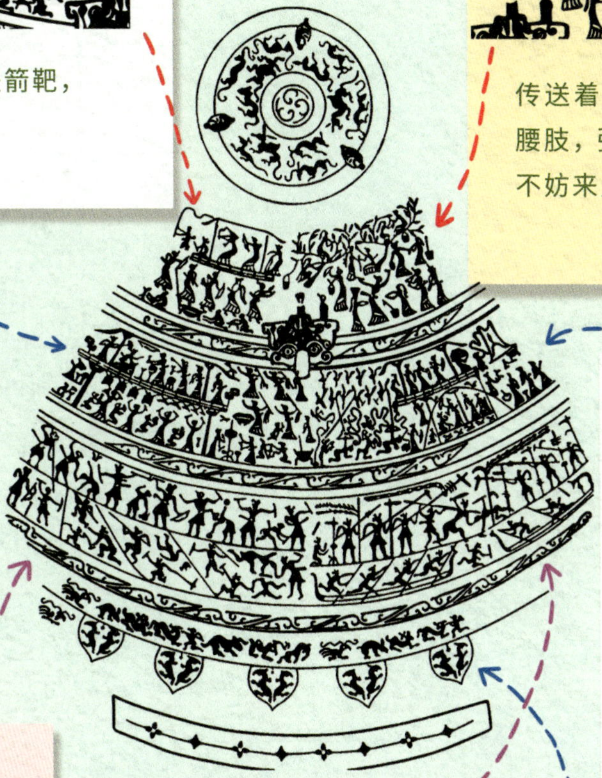

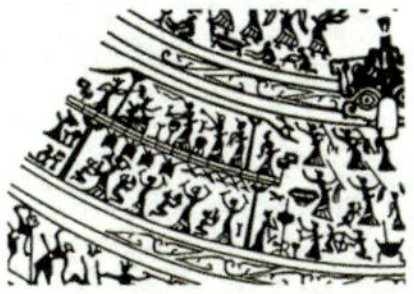

民以食为天，晒朋友圈，自然少不了"干饭"。

第二层的左侧，正上演着宾客尽欢的一场宴饮。他们吃着鼎里的美食，喝着美酒，听着编钟等奏响的音乐，赏着歌舞，也太会享受了吧！

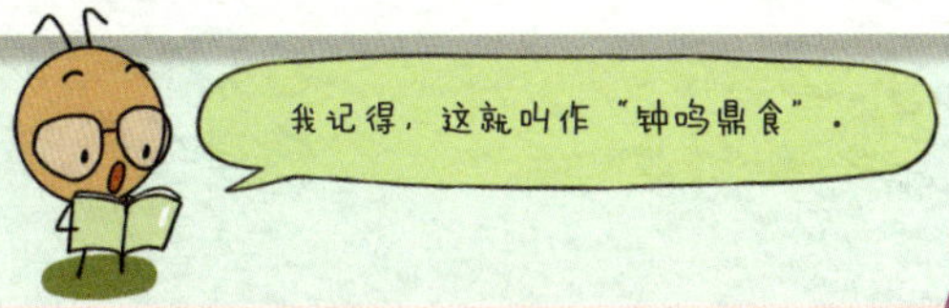

我记得，这就叫作"钟鸣鼎食"。

劳动日常"vlog"

第一层右侧，是战国人民劳动日常的"vlog"。高大繁密的桑树旁，有人忙着采摘桑叶，有人接应传送着篮筐，还有人在同伴的击掌伴奏下，扭起腰肢，张开双臂，欢快地舞了起来——采桑之余，不妨来点音乐与舞蹈，感受忙碌中的"小确幸"。

努力习射，当然不能没有用武之地。

第二层右侧的画面中，贵族对准了天上飞来的大鸟拉弓射箭，一显身手。

聪明的古人还想了个办法"回收"射出去的箭矢——只要用线系在箭杆的尾端就行了。所以，中了箭的大鸟身上才有一根长长的绳索！

攻城略地"实拍图"

左边是陆地上的攻城战。守城者在城墙上坚守，攻城者也在奋勇向上。弓箭、礌石、长戈、短剑、云梯……许多攻城守城的兵备都展现在了这幅画面中。

第三层的纹饰主题就有些沉重了。

战国时期，群雄争霸，少不了刀光剑影。

画面右侧，一场激烈的水战正在进行。左右两条战船正在对峙，左船有人擂鼓助战，兵士们手持兵刃，摆出各种对敌的姿态。右船的士兵也不甘示弱，甚至有勇士下了水，准备泅（qiú）渡，登上敌船……

狩猎有方"小手账"

第四层的图案，可以看作贵族狩猎活动的"小手账"。把狩猎所用的陷阱底部设计成桃尖形的，猎物掉下去后才不容易逃脱，是不是很机智呢？

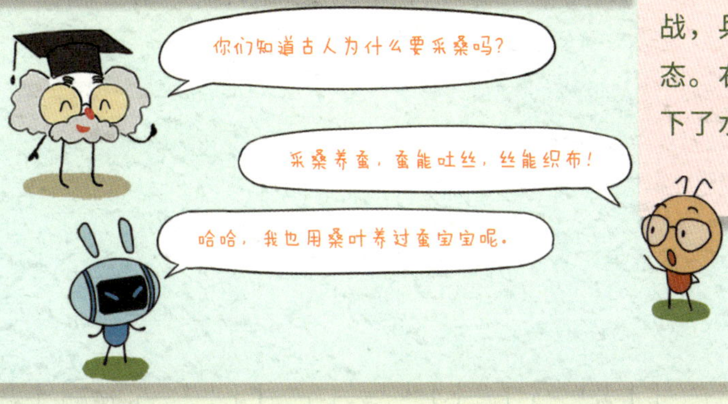

你们知道古人为什么要采桑吗？

采桑养蚕，蚕能吐丝，丝能织布！

哈哈，我也用桑叶养过蚕宝宝呢。

37

流行的狩猎纹

春秋战国至汉代的工艺品，很流行刻画宴乐、弋射、采桑、狩猎以及水陆攻战等题材的纹饰，这些纹饰被统称为"狩猎纹"。

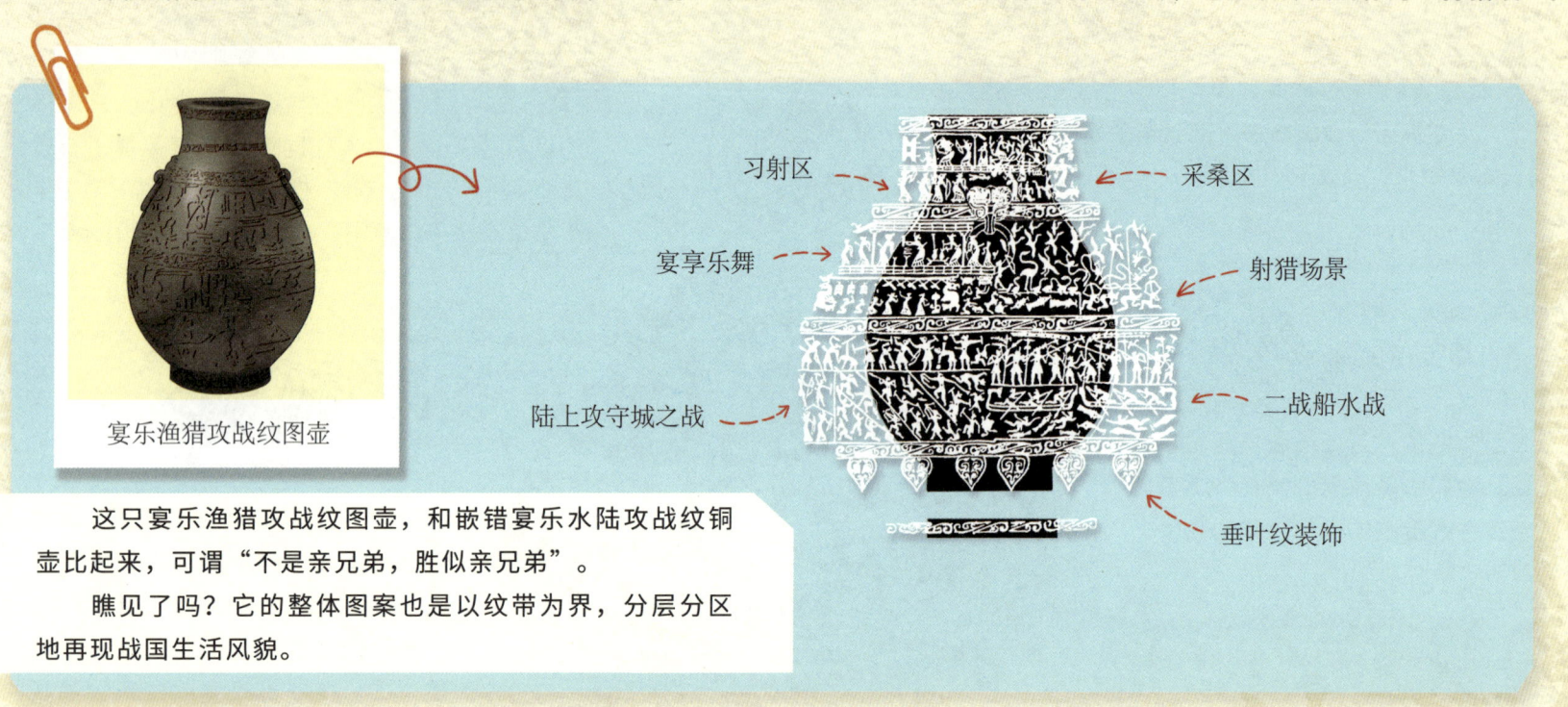

宴乐渔猎攻战纹图壶

习射区 — 采桑区
宴享乐舞 — 射猎场景
陆上攻守城之战 — 二战船水战
垂叶纹装饰

这只宴乐渔猎攻战纹图壶，和嵌错宴乐水陆攻战纹铜壶比起来，可谓"不是亲兄弟，胜似亲兄弟"。

瞧见了吗？它的整体图案也是以纹带为界，分层分区地再现战国生活风貌。

狩猎纹豆

还有这件春秋时期的狩猎纹豆。虽然纹饰没有那么繁复壮观，但圆鼓鼓的腹部也饰嵌了生动的狩猎纹。

去川博，赏酒器

酒文化是巴蜀文明中不可或缺的一部分。早在三星堆时期，古蜀人或许就已经喝上了自酿的小酒。

四川博物院的馆藏中，自然也少不了酒器的一席之地。

重器风采

巴蜀地区的青铜礼器以罍（léi）、尊为主体，它们和嵌错宴乐水陆攻战纹铜壶一样，也都是酒器。

这件象首耳卷体夔（kuí）纹铜罍，器如其名，器身的肩部、腹部之间装饰有两个立体的长鼻象头耳；两耳之间和一面腹下，又各铸有一个立体的象首。造型十分独特大气，纹饰瑰丽繁缛，布局对称，颇具特色。

相比之下，这件西周牛首耳大铜罍就没那么"花里胡哨"了。

它个头高大，通高 79 厘米。通体素地，纹饰简练，最突出的装饰，还是器身肩部那两对相向而跪的牛。

民族特色

欣赏过了川博青铜馆中重量级酒器的风采，不妨再去民族文化馆中见识些富有民族特色的酒器。

位于四川的凉山彝族自治州是全国最大的彝族聚居区。彝族人爱酒，他们的酒器也很亮眼。

这件彩绘木鸟酒壶，以黑色为底，绘以黄、红两色纹饰，造型逼真。用这个酒壶喝酒，别有一番趣味。

木胎漆绘的杯身，被固定在真的鹰爪支架上。这种造型与风格都很独特的高脚酒杯，叫作鹰爪漆杯。

鹰自古以来，都被彝族人视为神鸟，是他们崇拜的图腾之一。鹰爪漆木杯，也就成了权力和富贵的象征。在过去，只有贵族黑彝能用鹰爪杯，普通百姓乱用是会受到惩罚的。

啊？用鹰爪做酒杯的支架也太残忍了吧！

别误会，彝族人是等鹰自然死亡之后，才取鹰爪制杯的。

去汉代搬"砖"
东汉制盐画像砖

国宝档案

宽 36.6 厘米
厚 5 厘米
长 46.6 厘米

东汉制盐画像砖

分类：画像砖
所属年代：东汉
现藏于：四川博物院
出土地：四川邛崃花牌坊地区

国宝小档案

一块砖也能成为珍贵的国宝，因为它为我们生动再现了东汉时期成都平原上生产井盐的场景——在群山环绕之中，盐工们分工制盐。有的负责站在高大的井架上打捞盐卤水，将其通过竹槽引流进灶锅里；有的则在灶旁操作。

井盐

所谓井盐，就是通过凿井的方法，汲取地表浅部或地下的天然卤水，经过加工后制得的盐。

四川地区自古就盛产井盐，如自贡市的"自流井区"，凉山州的"盐源县"，还有攀枝花市的"盐边县"等地名，都源自产盐的历史。

"盐巴"之名从何来

四川是古代巴国的故地,由于其盐业发达,资源丰富,生产出了大量的优质食盐。不仅先民们足够自用,还能远销各地,是四川与外地贸易往来最早的商品之一。

于是,这些产自巴国的食盐就被以地名冠名,这才有了"盐巴"之名。

开门七件事

盐与人们的生活和饮食息息相关,在古代各朝都很吃香。

早在夏朝时,食盐就曾被作为贡品献给夏王享用。商代人也留下过用盐来调配美味羹汤的文字记载。汉代更是将盐视为"国之大宝",规定只能由政府统一专卖并管理。

> 俗语说:"开门七件事,柴米油盐酱醋茶。"

四川代"盐"人

提到蜀地的盐,你至少应该知道两位与之相关的历史名人。

一位,是秦代郡守李冰。世人皆知他主持修建的都江堰水利工程,却不知四川的第一口盐井也是他创凿的。

另一位鼎鼎大名的代"盐"人,则是诸葛亮。

相传,在东汉末年,巴蜀地区的盐价非常高,一般百姓用不起。诸葛亮为了降低盐价,还富于民,亲自考察临邛的盐井,在熄灭的火井边扎营研究,成功让盐井重燃,研制出了"火井制盐"法。

这一方法的成功,使得制盐效率提高,产量大增。不仅让当地居民用得起盐了,还能运往吴、魏两国赚钱,一举两得。

> 《天工开物》中记载了这种"火井制盐"法,就是从有天然气的"火井"中以竹管导气作为燃料,通过熬煮盐井水,获得井盐。

> 哇,原来古人也早就用上天然气了呀!

古人的制盐方法

从制盐方法来看,除了井盐,盐主要还可分为海盐、湖盐、岩盐。

1. 海盐

即将海水煮制成盐。传说,炎帝时先民们就已经开始"煮海为盐",后来明朝永乐年间开始建盐田,直接晒制海水为盐。

2. 湖盐

又称"池盐",即通过盐池卤水蒸发结晶而成的盐。

我国青海省内有两大盐湖盛产湖盐,分别是察尔汗盐湖和茶卡盐湖。

其中,茶卡盐湖不仅是中国最早开发的盐湖之一,还是"旅游打卡"胜地,被誉为中国的"天空之镜",风光美极了!

茶卡盐湖

3. 岩盐

指地壳运动过程中沉积的盐。

这种盐一般都是湖或海干涸之后形成的。纯净的岩盐无色,要是掺杂了不同的矿物质,就会呈现出各种不同的颜色,甚至不同的口味与口感。史料记载,高昌就出产味道非常鲜美的赤盐。

五彩斑斓的盐

汉代的"黑白照片"

哇，这些画像砖真是什么都记录呀！

汉代厨房，挺『现代』

汉代人是怎么做饭的？

有挂肉的架子，有放置食材的多层搁物架，有用来准备菜肴的"备菜台"，还有长方形的灶台，灶上是釜、甑等炊具。

看了四川博物院内的庖厨画像砖拓片，你就会发现，汉代厨房其实挺"现代"的嘛！

汉代酒肆，生意旺

汉代酒肆的经营画面，也被记录在了画像砖上。

酒肆里酒壶、酒瓮、酒缸，一应俱全。上图的店家在酒缸边撸起袖子，为客人舀酒。下图的店家正将装好的酒递给酒肆外的客人。购得美酒的人欣然离去，却还扭头回望酒肆的方向，或许是在回应店家送客时的热情吧。

这两块画像砖，一块刻画的是农夫在农田中除草、拨土、撒种的耕作场面。另一块记录的则是收获后加工谷物的过程。

● 汉代劳作，有一套

画中人脚踩的工具叫作"脚碓"，简单来说，就是利用杠杆原理，借脚踩时身体下压的力量来舂米，比用手拿杵捣要省力。

● 汉代娱乐，真不错

小贴士

盘舞是汉至魏晋南北朝一种很盛行的乐舞，常用于宴飨。将数目不等的盘、鼓覆置于地，这样舞者在盘、鼓之间纵跃舞动时，就会踏出富有节奏的鼓点，给观众带来视觉与听觉的双重享受。

汉代的宴乐百戏众多，也能从画像砖中窥见一二。这块画像砖再现了盘舞杂技的精彩。

画面中央是一名手持长巾的女伎，她踏在盘、鼓之上起舞，身形矫健，舞姿翩然。左上是个杂技演员，正在高高叠起来的十二案上表演"反弓"。而右边一人所表演的则名叫"跳丸"，左右开弓，抛接三个弹丸。

这块"丸剑宴舞"画像砖中，也有人在玩"跳丸"。他的技艺更为精湛，能做到七弹齐飞却不落地。还有人在乐声中舞剑弄瓶，形象刻画逼真，令人着实为那只半空中的瓶子捏了一把汗。

43

古琴余音
"石涧敲冰"七弦琴

国宝档案

长 122.7 厘米

"石涧敲冰"七弦琴

分类：乐器
所属年代：唐朝
现藏于：四川博物院

国宝小档案

这张古琴通长 122.7 厘米，厚 4 厘米。琴有七弦，琴身头宽尾长，琴面略呈弧形，通体饰有蛇腹断纹和一些梅花圈纹。颈部阴刻行草"石涧敲冰"四字，说的是这张古琴演奏出的琴音音质清澈、透亮。

内涵满满的古琴

古琴的历史悠久。据说是舜先定琴为五弦，文王增一弦，武王伐纣又增一弦，这才发展成了人们所熟知的七弦琴。

古琴的琴身长度很有讲究，通常为三尺六寸五，象征着一年的三百六十五日。

圆拱状的琴面与偏扁平的琴底，也不是随意为之，而是代表着古人"天圆地方"的认知。

一张古琴由许多部分组成，它们中的许多称呼都如琴音一般，带着古朴典雅的诗意。

不得不说的是，同样结构的古琴，在古人的审美与创造力之下，演变出了多种多样的形制。

最广为流传的形制，要属伏羲式与仲尼式。据传，它们一个是伏羲所制，一个则与孔子有关。

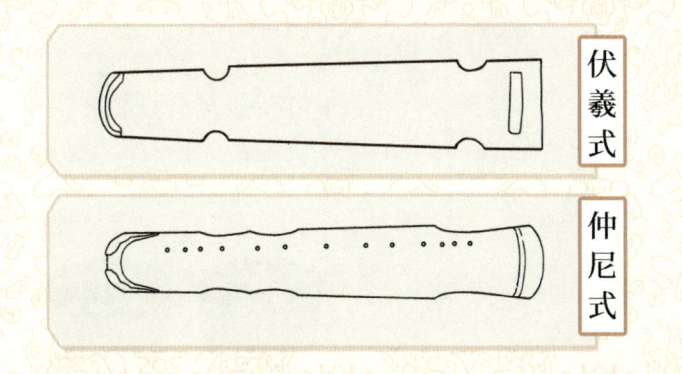

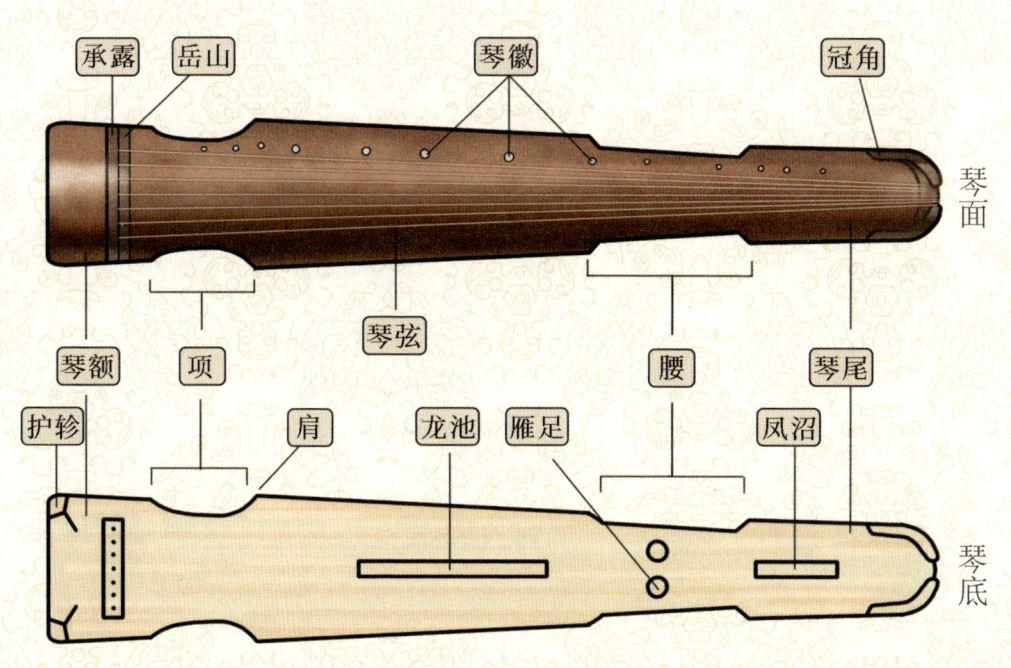

伏羲式

仲尼式

除了这两者之外，常见的还有神农式、连珠式、落霞式、蕉叶式……

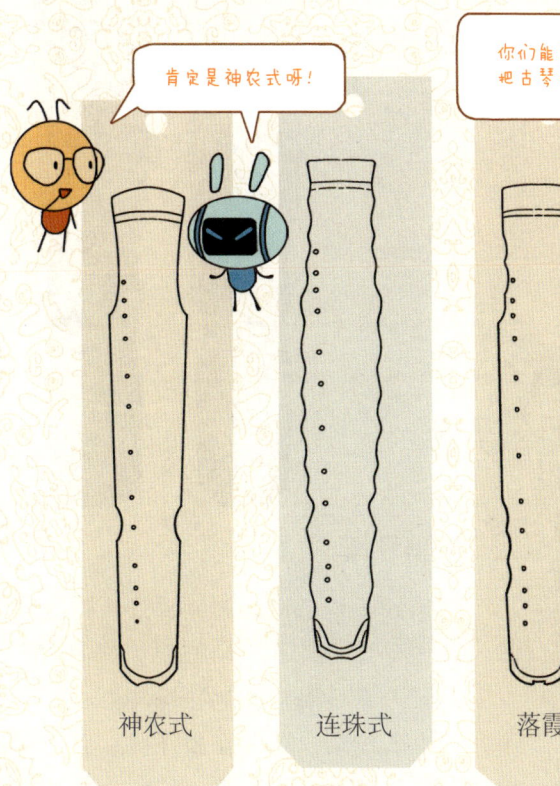

承露　岳山　琴徽　冠角

琴额　项　琴弦　腰　琴尾

护轸　肩　龙池　雁足　凤沼

琴面

琴底

肯定是神农式呀！

你们能看出"石涧敲冰"这把古琴是哪种形制的吗？

神农式　连珠式　落霞式　蕉叶式

名琴之主

仔细观察，你就会发现"石涧敲冰"的龙池下方，还有其藏主所留的方印"玉泉"二字。

"玉泉"是金末元初时，一代名臣耶律楚材的别号。取自其所住的北京西郊别墅玉泉山庄。

耶律楚材自称"琴癖"，精通音律，琴技高超，收藏过不少名琴，比如"春雷""玉涧鸣泉""玉振""寒玉""不出户"等。

他还为"春雷"写过诗呢——

"有我春雷子，岂惮食无肉，旦夕饱纯音，便是平生足。"

这是只要有了"春雷"琴，吃什么都不重要了，听着它的琴音就能"管饱"啊！

关于古琴，你一定要知道的两则佳话

高山流水

俞伯牙与钟子期之间的故事，或许你已经耳熟能详了。

琴师俞伯牙弹琴时，樵夫钟子期能从琴音中听出他是在描绘巍峨的高山，还是浩荡的江水。俞伯牙于是将钟子期视为知音。

钟子期死后，俞伯牙认为这世上再也没有能听懂他琴音的人了，就摔琴绝弦，再也没有弹过。

后人也因为这个故事，把真正了解自己的人叫作"知音"，用"高山流水"来比喻知音难觅或乐曲高妙。

琴心相挑

另一则佳话的主人公，则是汉代的大文学家司马相如。

他拥有一张名琴"绿绮"，琴声绝妙，加上他高超的琴技，使得"绿绮"名声大噪，甚至在后来众多文学典籍中成为琴的别称。

据说，司马相如当年弹唱《凤求凰》追求卓文君，成就一段千古爱情佳话，靠的也是这把琴哦。

唐代名琴大赏

盛世唐朝出名琴，只可惜存世量稀少。川博的"石涧敲冰"，就有"一琴足以撑起一座博物馆"之誉。

除了"石涧敲冰"，存世的其他名琴也不容小觑，快来瞧瞧吧！

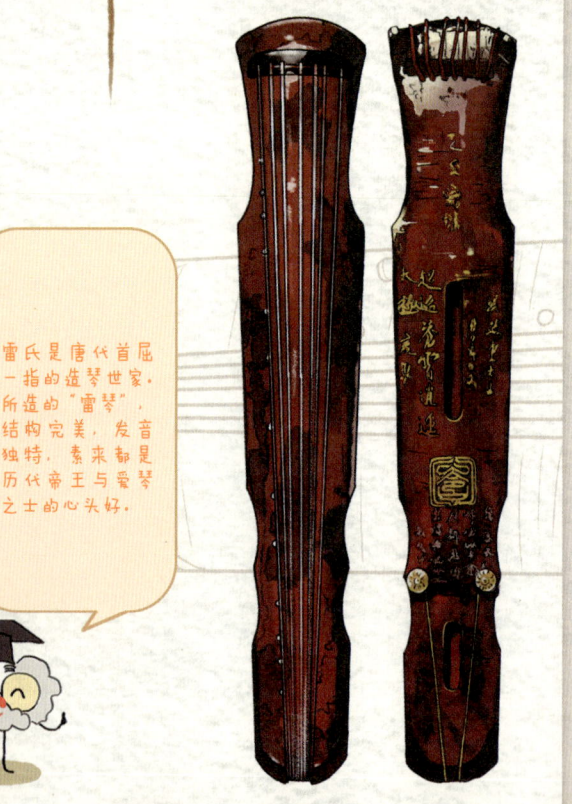

> 雷氏是唐代首屈一指的造琴世家，所造的"雷琴"，结构完美，发音独特，素来都是历代帝王与爱琴之士的心头好。

琅琅环佩

你或许听说过这张古琴那仙气飘飘的大名——"九霄环佩"。

此琴为雷氏制作，以梧桐作面，杉木为底，通体紫漆。琴音如环佩之声，温润松透，悦耳多变。

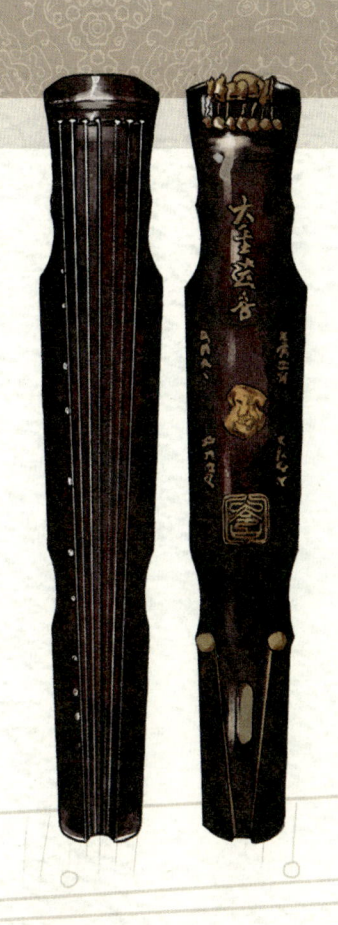

这些琴怎么都有蛇腹断纹啊?

它是漆器表面出现的最常见的一种断裂纹,长得像蛇腹下的横鳞,许多名琴上都有这种断纹,蛇腹断纹也就成了古琴的代名词。

鸾凤和鸣

"玉玲珑"琴制于中唐时期,黑漆,发不规则小蛇腹断纹,形制为"凤势式"。顾名思义,其造型灵动仙逸,犹如凤凰起势。据说这种琴制为魏扬英所创作,故亦有"魏扬英式"之称。

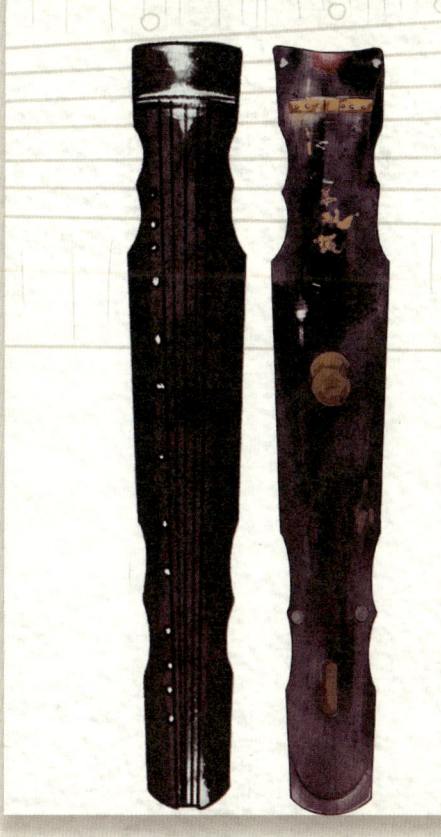

破琴一张

"大圣遗音"琴,发大小蛇腹断间细牛毛断纹,为神农式。琴音饶有古韵,是目前最珍贵的传世名琴之一。

它的名字最早出自汉代蔡邕《琴操》:"琴,兼三才而备九德,真大圣之遗音也。"这句话点明了理想的古琴之音,应分别代表天籁、地籁、人籁,并具备"奇、古、透、静、润、圆、匀、清、芳"这九种品德,隐喻圣人之道。

原藏于清宫中的它,曾因清王室的衰落而无人问津,变得残缺破败。在清点时被登记成了"破琴一张"。好在,此琴后来又经人发现,加以精心修复,这才恢复稀世之貌!

空谷金声

这张"飞泉"琴是杉木所斫,朱漆,蛇腹间冰断纹,为连珠式,也是雷氏出品的精品。

它音质清润,仿佛高山飞泉,既是晚唐琴的代表作,又是民国初年北平琴坛名器之一。被近代著名琴学大师杨宗稷称为琴中之"鸿宝"。

石头"课本"
五代后蜀残"诗经·周颂鲁颂"石经

国宝档案

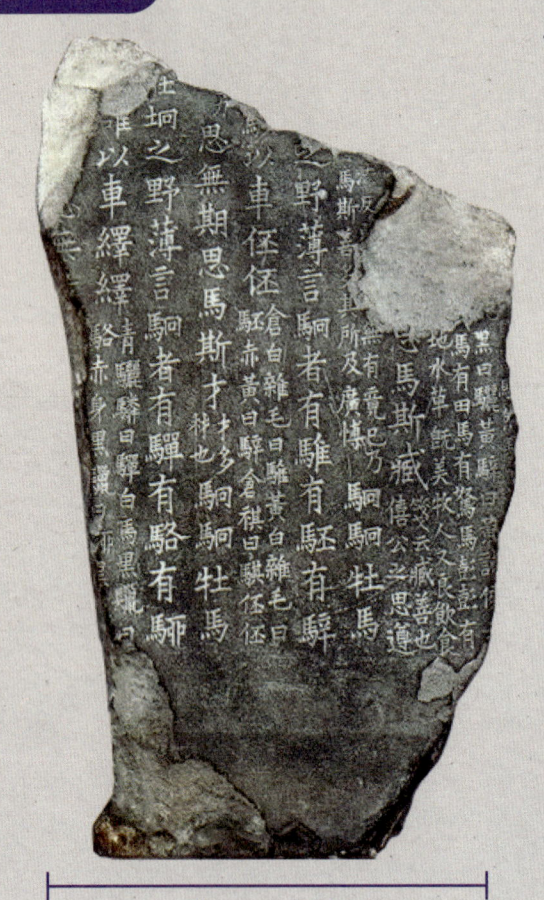

五代后蜀残"诗经·周颂鲁颂"石经

分类：碑刻
所属年代：五代（后蜀）
现藏于：四川博物院
出土地：四川省成都市文翁石室

高 40 厘米
宽 21.5 厘米

国宝小档案

五代后蜀残"诗经·周颂鲁颂"石经，为国家一级文物，残高 40 厘米、宽 21.5 厘米、厚 7 厘米。此石经刻于五代后蜀时期，内容为《诗经》部分篇章，其背面还刻有《诗经》的其他部分。该石经不仅是研究古代《诗经》的重要资料，也是了解五代十国时期文化教育状况的重要实物。它见证了古代儒家经典的传承与发扬，对后世产生了深远影响。

劫后余"石"

石经，顾名思义，就是刻在石碑上的经书。

在汉、魏、唐、蜀、宋、清这些朝代，石经都是官方认证的儒家经典"课本"。

成都平原不产石，后蜀石经所用的都是从都江堰运来的最好的青石。现在，之所以给文物名加个"残"字，是由于经历了乱世的纷飞战火，出土时只余破损的残石。

尽管我们现在无法欣赏石经的原貌，但残石上依旧清晰的正楷字刻，无疑是蜀学代代传承的最美见证。

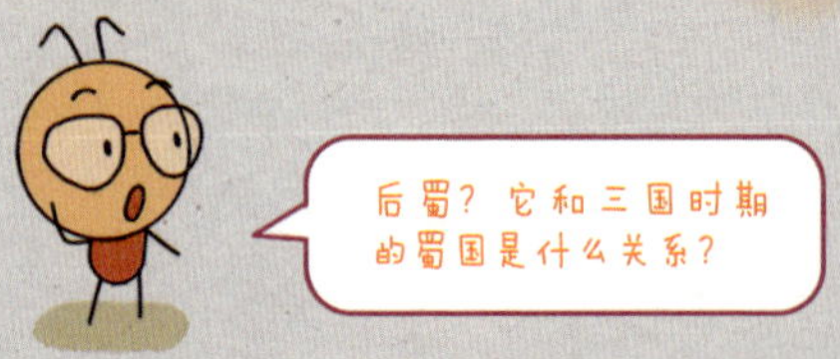

> 后蜀？它和三国时期的蜀国是什么关系？

> 三国处于东汉末年的乱世，而后蜀国所属的五代十国时期，则是唐末藩镇割据的延续，中间隔了好几百年呢。

另类"课本"

在古代，书籍并不是人人都能买得起的。

对于许多家贫的寒门学子而言，摆在学校里的石经简直就是"宝藏课本"了！

那些住得远的，还可以把石经拓下来，把拓本带回家学习，也很方便。

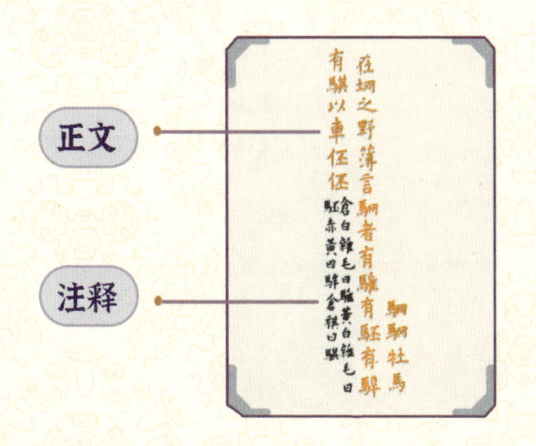

想要读书还要自己拓印呀！

对啊，这也太费劲了。

正文

注释

不仅如此，宰相毋昭裔的"课本"编写理念也很先进、科学——后蜀石经中，单列大字为经文原文，双列小字为注释。这样就不怕只有原文，读不懂啦！

毋昭裔年少时，就特别喜欢读书。成为宰相后，更是十分重视文化教育。他不仅主持刊刻蜀石经立于成都的文翁石室，供学子们学习，还自己出钱办起了私家"印刷厂"，印刻推广，普及经典。

文翁石室

后蜀石经所在的文翁石室，由蜀郡太守文翁创办，是我国最早的地方官办学校之一。

更厉害的是，这所学校一办就是2000多年，没有中断，也不曾挪地方，至今一直存在。

后蜀石经的残石，就是在如今的文翁石室南校区城墙下被发现的。

文翁石室的高才生们

在蜀地，"文翁化蜀"是与"李冰治水"齐名的大事。

古往今来，从文翁石室走出来的"高才生"不胜枚举。汉赋四大家中的司马相如和扬雄、唐代诗人陈子昂、明代文学家杨慎等都是"文翁石室"的校友。近代名人中，文学家郭沫若也曾就读于此。今天的石室，还培养出了制导系统工程专家钟山、中国固体和磁学理论的开拓者李荫远等优秀的人才。

七大石经

在中国古代，大规模刊刻儒家石经之举共有七次。

除后蜀石经外，还有熹平石经、正始石经、开成石经、嘉祐石经、御书石经和乾隆石经。

熹平石经

汉灵帝熹平四年刊刻，共46块，包括《易》《礼》《春秋》等七种，立于洛阳太学之中。

正始石经

曹魏正始二年在洛阳刊刻，用古文、隶书、篆书三种文字刻成，故又称《三体石经》，经文有《尚书》《春秋》和《左传》的部分内容。

开成石经

唐文宗大和七年在长安刊刻，用楷书刻成《易》《书》《诗》"三礼"等十二经。

嘉祐石经

又称《汴学石经》《二体石经》，北宋时用楷、篆体，刻《易》《书》《诗》等于汴梁。

发现了吗？一开始，石经所刻的儒家经典并没有那么多部。后蜀石经是对儒家"十三经"的首次集结，对"十三经"的正式定型起到了重要的作用，也奠定了后世儒家经典的格局。

南宋石经

宋高宗于绍兴十二年刻《易》《书》《诗》《左传》等于临安，共200石，现存80余石。

乾隆石经

又称《十三经刻石》。乾隆年间所刻，共计63万多字，190块。是目前我国现存最完整的官刻儒家石经，现存于北京的孔庙和国子监博物馆，夹道而立。

太壮观了吧！

后蜀知多少

"南唐后主"李煜虽然不善治国，其才名却是众所周知。

但你或许不知，同为亡国之君的蜀后主孟昶（chǎng）也是有点儿"文艺细胞"在身上的。

锦绣蓉城

后蜀国的都城是成都。

据传，后蜀末代皇帝孟昶的爱妃——花蕊夫人很喜欢芙蓉花，孟昶就下令在都城中大量种植芙蓉花。

等到花开时节，满城的芙蓉花犹如锦绣遍地，美不胜收。自此，成都就有了"芙蓉城"或"蓉城"的美称啦。

> 自古以蜀为锦城，如今看来，真是名副其实了！

画院先河

孟昶爱词，也爱画。

当时，唐朝"安史之乱"爆发后，不少画家纷纷入蜀避难。孟昶惜才，在成都建立了中国第一个皇家画院，招纳入蜀与蜀中画师，保全并激励了大批的绘画人才。

也正因如此，孟昶在位期间，西蜀知名画家辈出，对宋朝画坛也产生了不小的影响。

就拿在后蜀皇家画院供职了40多年的黄筌来说吧。蜀亡后，入宋的黄筌很受北宋皇家的青睐，其画法甚至成为宋初画院的评价"标准卷"。

黄筌还十分擅花鸟，与江南徐熙并称"黄徐"，形成了五代、宋初花鸟画两大主要流派。

黄筌代表作《写生珍禽图》局部

"花间"之词

后蜀的填词风气颇盛，孟昶本人也喜文学，常和词人唱和。

他在位的广政三年时，一本辑录了唐末至五代18位词人的500首"花间派"词作的《花间集》出版了。

《花间集》由后蜀文学家赵崇祚选编而成，是中国出现最早、流传最广、影响最深的文人词总集，被誉为"近世倚声填词之祖"。

花间派

花间派，可不是什么江湖门派，而是奉温庭筠为鼻祖的一大文人词派。它诞生于晚唐五代时期的西蜀，词作多以闺阁女子之美以及她们的情感为创作题材，风格往往柔婉华丽，浓艳多情。

春联鼻祖

众所周知，春联是由古代的桃符渐渐演变而来的。

但你知道吗？孟昶也为春联的诞生出过一份力哦。

据说，孟昶每年春节前，都要召集大臣们进行"头脑风暴"，想个喜庆吉祥的联语题在桃符上。这一年，大臣们想的，孟昶都不满意。最后，还是他自己写下了"新年纳余庆，嘉节号长春"一联，题在桃木板上，挂在了皇室寝宫的门上。

后来，孟昶的后蜀江山没了，可他写的这副联语却被宋朝沿用了下来，作为春节的祝福语。再之后，随着人们把题写联语用的桃板换成笺纸，"桃符"就变为"春联"啦。

五代十国时期的政权更替十分频繁。尽管孟昶在位后期因骄奢淫逸、好大喜功而误国误己，但即位初年时，他也曾励精图治，发展文治，使得后蜀国势一度强盛，有过也有功。

吴门山水间
《虚阁晚凉图》

国宝档案

高 171 厘米
宽 138 厘米

《虚阁晚凉图》
分类：书画
所属年代：明朝
创作者：唐寅
现藏于：四川博物院

国宝小档案

"头上红冠不用裁，满身雪白走将来。平生不敢轻言语，一叫千门万户开。"唐寅的这首《画鸡》，你一定不陌生吧？其实，唐寅不仅诗歌写得好，画画也是一流的。这幅款署"吴门唐寅"，钤"唐伯虎""南京解元"两印的《虚阁晚凉图》，正是唐寅的精品山水画。

唐寅的花样"自号"

"唐伯虎"大概是唐寅最为人所熟知的名号了。除此之外，他还给自己取了不少别号，且个个都有来历。

> 明清时，在相当于"省考"的乡试中获得第一名的，就是"解元"了。

> "解元"是什么？

> 哇，唐寅还是个"学霸"呢！

唐寅的"同名款"创作

你知道吗？唐寅以《虚阁晚凉图》为题创作的，除了川博的这一幅，还有收藏于上海博物馆的另一幅。

那么这两幅"同名款"有什么异同呢？

相同点：

题材相同：山水画

作者自题的七绝诗相同：虚阁临溪趁晚凉，槛前千斛藕花香。蔗浆满贮金瓯冷，更有新蒸薄荷霜。

不同点：

上博本：
类型：纸本设色
尺寸：纵59.3厘米，横31.6厘米
画面内容：山麓临水处的两间茅屋被丛树掩映着，屋里不仅有老者安坐，还有个小童子正为他端来茶水。

川博本：
类型：绢本设色
尺寸：纵171厘米，横138厘米
画面内容：远处是起伏的山峦，蜿蜒的溪流若隐若现，近处绿树浓荫、碧水环绕处，掩映着的两间茅屋中有老者正在纳凉。

> 主题一致，却能画出截然不同的两幅画，唐寅真有才！

> 所以画名"虚阁晚凉"的意思就是在阁楼中纳凉消暑呀！

吴门画派

你知道，唐寅为什么要在自己的名字前加上"吴门"作为款署吗？

因为苏州是古吴的都城，所谓"吴门"，其实就是江苏苏州地区的别称。

明代中、后期崛起于苏州地区的绘画派别，就叫作"吴门画派"。唐寅作为这个画派中的代表人物，与沈周、文徵明、仇英一起，并称"吴门四家"。

吴门画派在山水画上成就突出，在人物画和花卉画方面也各有建树，还对明末清初的画坛都产生了重要的影响。

风流才子的坎坷人生

唐伯虎点秋香的春风得意，大家都听说过。

可实际上，唐寅这位风流才子的一生却十分坎坷。

他年纪轻轻就中了"解元"，为此自得地刻下了"南京解元"的印章。

然而，唐寅万万没想到，自己的人生会在巅峰处急转直下——一场科举舞弊案暴发，他受到牵连入狱，被贬为小吏。

> 唉，人生就是起起落落落啊……

在《王蜀宫妓图》中，他描绘了四位装扮艳丽的宫女。并通过画上题跋表露对这些命运悲惨的弱小女性的同情，同时寄托了对自身坎坷遭遇的悲愤。

眼看着本可以平步青云的仕途断了，唐寅心灰意冷。不甘去做那小吏，不如骑着心爱的小毛驴打道回府。

他的《骑驴归思图》或许就是在这份心境中画下的。

你看那骑驴人，正在曲折险峻的山道中匆匆而行，朝远处深山中的草堂院落赶去，似乎正是唐寅自己的写照。

然而，回家并没有给唐寅带来多少慰藉，反而是雪上加霜，妻离子散，兄弟分家。

生活穷困之下，唐寅只能靠卖画为生，并将满腔的悲愤寄托于画中。

小贴士

"乞求无得束书归，依旧骑驴向翠微。满面风霜尘土气，山妻相对有牛衣。"

这是唐寅在画上自题的七言绝句，大意是自己出门求功名失败，只好骑驴回家，尘土满面地去见家中的妻子了。

其实，唐寅还真在卖画期间，等来了一个"机会"——

宁王聘他为幕僚，邀请他前往南昌。

唐寅在南昌参观了滕王阁，《落霞孤鹜图》描绘的正是一人坐在滕王阁中，观眺落霞孤鹜之景。

在画中，他借王勃创作《滕王阁序》的典故题诗："画栋珠帘烟水中，落霞孤鹜渺无踪。千年想见王南海，曾借龙王一阵风。"

唐寅希望自己也能像王勃一样，借着东风，乘势而起。

然而，南昌之行却并非他期盼的"东风"，而是命运所开的一次玩笑——

唐寅到宁王府后才发现，原来宁王是想要造反！

为了保命，他只好成日里装疯卖傻，这才被宁王赶走，得以脱身。

逃出生天后的唐寅看破了世俗纷扰，再没了出仕的念头，这反而成就了他的晚年力作《山路松声图》。

画中山峰高耸，泉水清澈，松林葱郁，藤蔓曲折。桥上一位老者正悠然地仰着头，似在倾听泉声，又似在欣赏松涛，身后还跟着个抱琴的少年。

这一派山水风光与生活景象，恬静美好。如同世外桃源，加上唐寅在画面上的题诗，无一不传达出作者这一时期向往与世无争、闲淡自然的生活理想。

> 他这么有才华，真的没有机会再实现心中的抱负了吗？

> 唐寅真厉害，看似是在画仕女，实则是在画自己。

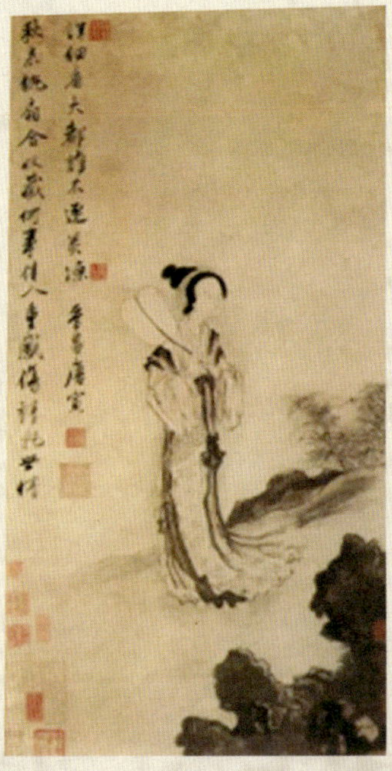

还有这幅《秋风纨扇图》，是唐寅水墨人物画的代表作。画中面露幽怨的仕女手执纨扇，独立在秋风萧瑟的庭院中。

"秋风纨扇"的意象最早见于班婕妤的诗。班婕妤是汉成帝的嫔妃，曾盛宠一时。后来年华老去，失了皇帝怜爱，最终落寞病逝。

后人遂以秋风起后被搁置的扇子，比喻女子的色衰失宠。唐寅则引来自嘲怀才不遇，也抨击了社会黑暗与世态炎凉。

小贴士

唐寅的晚年生活依旧困顿，有时还要靠朋友的接济度日，54岁时就结束了坎坷波折的一生。苦难折磨着他的身心，却也磨砺了他的心性，让他成为一代名家，为后人留下了一幅幅值得研读的伟大画作。

《世界雄狮大王》唐卡
清格萨尔唐卡（六）

国宝档案

清格萨尔唐卡（六）

分类：唐卡
所属年代：清朝
民族：藏族
现藏于：四川博物院

高 153 厘米
宽 74 厘米

国宝小档案

格萨尔唐卡（六），即《世界雄狮大王》唐卡。是川博收藏的格萨尔王系列唐卡中的一幅。位于画面中央的正是主角格萨尔王。他赛马夺魁后，成为了岭国国王，骑在一匹棕色大马上，盔甲加身，腰系箭囊，右手执着带旗帜的竖矛，样子特别威风！画面四周的内容也很丰富，分别绘制了格萨尔称王前的准备、赛马称王、魔岭大战等精彩的故事情节。

藏文化的"百科全书"

"唐卡"是藏语，可翻译为卷轴画，是藏族文化中最具特色的绘画艺术形式之一。

它的创作题材十分丰富，涉及历史、经济、文化、民间传说、世俗生活等众多领域，被誉为藏文化的"百科全书"。

唐卡的种类

除了《世界雄狮大王》这种绘制唐卡外，唐卡还有其他的制作方式。

绣制唐卡，即用各色丝线绣成。特点是坚韧耐用，不易毁坏。其中既有普通刺绣，也有缂丝、织锦工艺制成的。

堆绣唐卡，也称"贴花唐卡"。其做法类似剪贴画，把用各色彩缎剪成的人物、鸟兽等图形，贴绣在底布上。

珍珠唐卡，由珍珠宝石穿成图案。数量极少，十分昂贵。

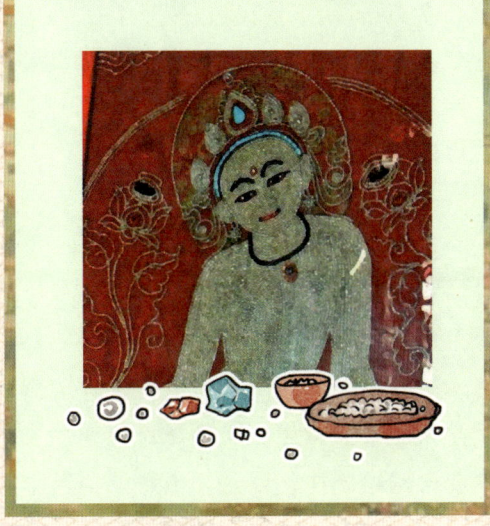

藏族英雄格萨尔王

格萨尔王是谁呀？

他的故事和许多神话传说一样，要从很久很久以前说起……

那时候，西藏部族之间陷入了"大乱斗"，藏族人民苦不堪言。天神得知后，就派出神子降临人间，拯救百姓。

格萨尔王就是神子下界，但他一开始却没有"主角光环"，反而自幼家贫，被叔父欺负，只能和母亲相依为命。

不过16岁时，他就在赛马选王中脱颖而出，成为国王，率领勇士们南征北战，降妖伏魔，统一了大小150多个部落，使得西藏重新获得了和平与安宁。

完成了使命的格萨尔王，最终也在藏族人民的崇拜与敬仰中，返回了天界。

最长的史诗

格萨尔王的英雄故事被藏族人民传唱千年，逐渐形成了世界上最长的英雄史诗——《格萨尔王传》。

这部《格萨尔王传》有多长呢？

答案是——

100多万行，共计2000多万字！

它代表着古代藏族民间文化的最高成就，入选世界非物质文化遗产名录，甚至有人将其称之为"东方的《荷马史诗》"。

> 《荷马史诗》是古希腊的两部长篇叙事史诗，即《伊利亚特》与《奥德赛》。相传，该史诗是由古希腊盲诗人荷马根据民间流传的短歌汇编而成的。《荷马史诗》不仅集古希腊口述文学之大成于一身，还在历史、地理、考古学、民俗学等多个领域具有研究价值。

从史诗到唐卡

从格萨尔史诗到格萨尔唐卡，是一段将口头传唱的英雄传奇转化为视觉艺术的壮丽旅程。

格萨尔唐卡，将史诗中的英雄故事和人物形象以绘画形式展现出来的艺术作品，其独特魅力不言而喻。格萨尔唐卡的绘制技艺精湛，色彩鲜艳且富有神圣感。艺人们运用传统的矿物宝石和植物颜料，通过细腻的笔触和巧妙的构图，将史诗中的英雄人物、战斗场景、自然风光等一一呈现于画布之上，使得每一幅唐卡都如同一幅生动的历史画卷，让人仿佛置身于那个英雄辈出的时代。

唐卡是如何诞生的

你知道吗？唐卡的制作耗时费力，有的甚至要花费十多年的光阴。

就算不提绘前选择吉日、沐浴净身、焚香祷告等"仪式感"，单论绘制过程就不简单，每个环节都不能马虎。

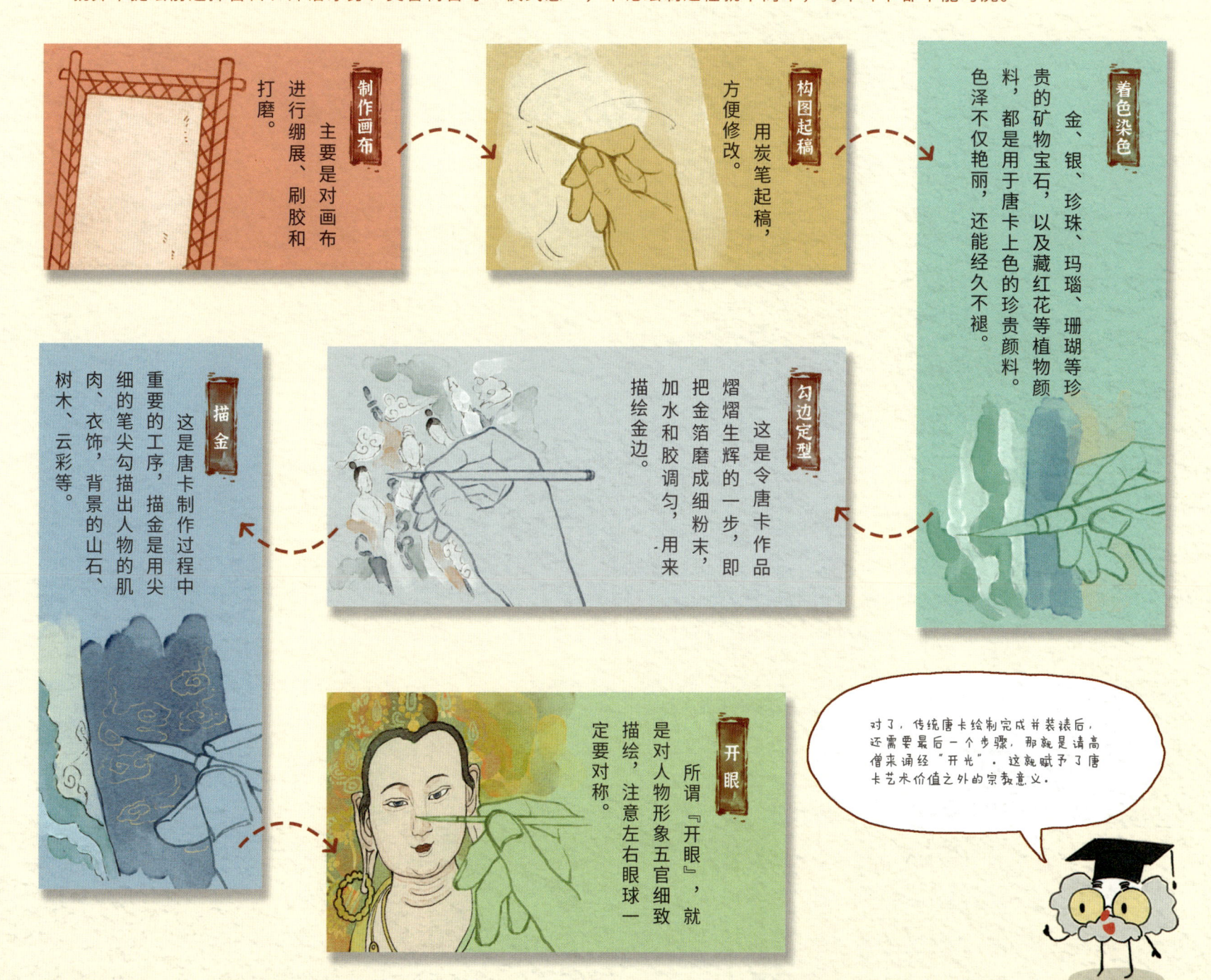

制作画布
主要是对画布进行绷展、刷胶和打磨。

构图起稿
用炭笔起稿，方便修改。

着色染色
金、银、珍珠、玛瑙、珊瑚等珍贵的矿物宝石，以及藏红花等植物颜料，都是用于唐卡上色的珍贵颜料。色泽不仅艳丽，还能经久不褪。

勾边定型
这是令唐卡作品熠熠生辉的一步，即把金箔磨成细粉末，加水和胶调匀，用来描绘金边。

描金
这是唐卡制作过程中重要的工序，描金是用尖细的笔尖勾描出人物的肌肉、衣饰，背景的山石、树木、云彩等。

开眼
所谓"开眼"，就是对人物形象五官细致描绘，注意左右眼球一定要对称。

对了，传统唐卡绘制完成并装裱后，还需要最后一个步骤，那就是请高僧来诵经"开光"。这就赋予了唐卡艺术价值之外的宗教意义。

"大千"世界
《仕女拥衾图》

国宝档案

长 117 厘米
宽 47.3 厘米

《仕女拥衾图》

分类：书画
创作者：张大千
创作时间：1946年
现藏于：四川博物院

国宝小档案

《仕女拥衾图》是张大千受敦煌壁画影响后，创作出的仕女画代表作之一。画中描绘了一位气质雍容、体态健美的美人，她正拥着饰以敦煌窟顶藻井风格图案的锦被，侧身俯卧在屏风前，似在沉思，又或是在与观者对视。画面上方，还有作者题写的一首七绝诗：长眉画后尚惺忪，红豆江南酒面浓。别有闲情怪周昉，不将春色秘屏风。

"大千"与大风堂

四川博物院是世界上收藏张大千作品最丰富的博物馆。尤其是张大千临摹的敦煌壁画，有 183 幅被川博收藏。走进川博的张大千艺术馆，就如同穿越时空，走进了张大千与其兄长共同创建的画室"大风堂"。

张大千
——中国近现代国画"全能大师"

原名：张正权
别号：大千、大千居士
生卒年：1899—1983
出生地：四川内江
代表作：《荷花图》《爱痕湖》《长江万里图》《秋曦图》

主要成就：
· 山水、花卉、人物等无一不精
· 工笔写意俱佳
· 开创泼墨泼彩画风

获誉：
· 徐悲鸿评价其为"五百年来第一人"
· 与齐白石齐名，并称"南张北齐"

"大千"与敦煌

作为中国近现代画坛享有盛名的传奇人物，张大千曾与敦煌有过一段传奇之缘。

1941年，因为友人的多次描述，张大千被敦煌石窟中的壁画所吸引，决定远赴敦煌考察。

在敦煌的两年零七个月中，张大千克服了各种自然条件与技术上的困难，在藏族喇嘛画师的帮助下，潜心临摹了大量的壁画，将这些珍贵的艺术品带入了大众的视野。

临摹了那么多敦煌壁画，张大千的画风也发生了巨大的改变。

就拿仕女图来说吧，前期他的仕女人物以柔美纤细为主，后期则注重健康丰腴之美。用色上，也明显受到佛教造像及敦煌壁画的影响。

不仅有《仕女拥衾图》为证，这幅《翠楼远望仕女》的敦煌"即视感"也很强。

你瞧，画中的女子体态丰腴，双臂健美，隐约可见敦煌供养人画像的仪容风格。

敦煌莫高窟的"投资人"们

要修建那么多的石窟，没有钱可不行——供养人们就是石窟的"投资人"。

他们把自己的形象画在壁上，表示该窟的菩萨佛像都由他们供养，故而被称为"供养人"。

敦煌莫高窟的每个洞窟中，几乎都有供养人画像。

其中，《都督夫人太原王氏礼佛图》是唐代供养人画像中规模最大的一幅，共画了十二个人像。

前三人是礼佛图的主人，后面九人为随侍，人物神态真实生动，背景设计生气蓬勃，实属精品。

画中的「她」

仕女画，亦称"士女画"，起初是描绘封建社会中上层士大夫及其女性家庭成员生活场景的中国画种类，后来逐步成为人物画分支中专门表现上层妇女生活风貌的一个类别。

不同时代的画家对"美"的理解各不相同，所以仕女画中的"她"也有着不同的风采。

瘦骨风姿的魏晋神女

仕女画发展于魏晋南北朝。

画家作画时，多取材于诗、赋等文学作品和民间传说，以描绘古代贤妇和神话传说中的仙女为主。

其中，东晋顾恺之的《洛神赋图》是最为著名的卷轴仕女画。

画中的神女薄衣广袖，秀骨清相，自带"仙气"，正是魏晋时期典型的仕女形象。

《洛神赋图》（局部）

以胖为美的唐朝贵妇

仕女画在盛世唐朝也进入了一个辉煌的时期。

这一时期圆圆的大脸盘子，健美丰腴的身材底子，成为了主流审美。

> 左边六个人还各有分工：一人负责炉火，四人拉开丝绸熨烫，剩下一个姿态俏皮的小女孩就在旁边围观玩耍。

张萱的《捣练图》是唐朝仕女画中很具有代表性的一幅。

画中十二位女性从右到左，分为捣练、织线和熨烫三组。

唐朝杰出的仕女画还有很多，比如张萱的《虢国夫人游春图》和周昉的《簪花仕女图》《挥扇仕女图》等，普遍展示出了盛世下女性的雍容华美。

对了，这些仕女画还都很注重写实，从眉形到唇妆到花钿……为我们再现了唐朝美人们的妆容细节。

明·唐寅《才子仕女图》

清·改琦《靓妆倚石图》

弱柳扶风的明清淑女

相比于唐朝仕女的丰腴富丽，明清时期仕女画中的女子形象集体"瘦身"。

她们往往清秀纤瘦，削肩长颈，低眉垂首，看起来弱不禁风，且越到晚清时期，"病弱"美人就越成为仕女画的主流。

"捣练"到底在捣什么呀？

"捣练"，其实就是在加工生丝，是古代制作衣服的重要工序之一。

蚕茧 → 生丝 → 练丝 → 熟丝

右边四人在捣练，中间两人一人在缝纫，一人在理线。

练，是一种生丝制成的丝织品，但它很硬而且发黄，不能直接用来做衣服。因此，古人会对其进行沸煮、漂白、杵捣，从而得到柔软洁白的熟丝。

图书在版编目（CIP）数据

四川的博物馆 / 程琳著；布谷童书绘. -- 太原：三晋出版社，2024. 12. --（博物馆里的中国）.
ISBN 978-7-5457-3167-5

Ⅰ．K87-49

中国国家版本馆CIP数据核字第2024V1Y854号

四川的博物馆

著　　者： 程琳
绘　　者： 布谷童书
责任编辑： 张帆

出　版　者： 山西出版传媒集团·三晋出版社
地　　址： 太原市建设南路21号
电　　话： 0351-4956036（总编室）
　　　　　　　0351-4922203（印制部）
网　　址： http://www.sjcbs.cn

经　销　者： 新华书店
承　印　者： 雅迪云印（天津）科技有限公司

开　　本： 787mm×1092mm　1/12
印　　张： 5.5
字　　数： 55千字
版　　次： 2024年12月第1版
印　　次： 2025年1月第1次印刷
书　　号： ISBN 978-7-5457-3167-5
定　　价： 48.00元

如有印装质量问题，请与本社发行部联系　电话：0351-4922268